Klein · Strategien der Großbanken in den neuen Bundesländern

Trends in Finance and Banking

Herausgeber: Prof. Dr. Adolf-Friedrich Jacob

Direktor des Zentrums für Finanzen und Finanzdienstleistungen der Wissenschaftlichen Hochschule für Unternehmensführung (WHU) – Otto-Beisheim-Hochschule –

Sebastian Klein

Strategien der Großbanken in den neuen Bundesländern

Springer Fachmedien Wiesbaden GmbH

Die Deutsche Bibliothek – CIP Einheitsaufnahme

Klein, Sebastian:
Strategien der Großbanken in den neuen Bundes-
ländern / Sebastian Klein. – Wiesbaden:
Gabler, 1993
(Trends in finance and banking)

NE: GT

© Springer Fachmedien Wiesbaden 1993
Ursprünglich erschienen bei Betriebswirtschaftlicher Verlag Dr. Th. Gabler GmbH, Wiesbaden 1993
Lektorat: Maria Kooyman

Höchste inhaltliche und technische Qualität unserer Produkte ist unser Ziel. Bei der Produktion und Verbreitung unserer Bücher wollen wir die Umwelt schonen: Dieses Buch ist auf
säurefreiem und chlorfrei gebleichtem Papier gedruckt.

Die Wiedergabe von Gebrauchsnamen, Handelsnamen, Warenbezeichnungen usw. in diesem
Werk berechtigt auch ohne besondere Kennzeichnung nicht zu der Annahme, daß solche
Namen im Sinne der Warenzeichen- und Markenschutz-Gesetzgebung als frei zu betrachten
wären und daher von jedermann benutzt werden dürften.

ISBN 978-3-409-14696-8   ISBN 978-3-663-12386-6 (eBook)
DOI 10.1007/978-3-663-12386-6

Geleitwort

Die Diskussion über Bankstellendichte, Bankstellenrentabilität und Bankstellenpolitik der einzelnen Institutsgruppen ist seit dem Fortfall der sogenannten Bedürfnisprüfung der Eröffnung neuer Stellen durch die Bank
deutscher Länder (bis 1958) nicht abgebrochen.

Im allgemeinen werden für die Bundesrepublik Deutschland
(Westdeutschland) drei Phasen in der Bankstellenpolitik, insbesondere der
Geschäftsbanken, unterschieden: 1952 bis 1957 mit reguliertem,
langsamem Wachstum, 1958 bis 1974 als Phase eines stürmischen,
explosionsartigen Wachstums, ab 1975 dann Erreichen der
Sättigungsgrenze (1.400 Einwohner je Bankstelle) und behutsame
Restrukturierung mit -wenn auch zahlenmäßig geringen-
Bankstellenschließungen.

Die Frage, ob die Bankstellendichte in den alten Bundesländern als
"overbanked" zu charakterisieren sei, was als Zeichen einer falschen
Strategie zu deuten sein würde, wird inzwischen weithin einvernehmlich
bejaht. Zu erwarten wäre gewesen, daß die Chance, in den neuen
Bundesländern ein "funktionsfähiges" Standortnetz aufzubauen, die Fehler
der Vergangenheit also zu vermeiden, genutzt würde.

Ob die Voraussetzungen dafür in den Rahmenbedingungen vorhanden
gewesen sind, wie die Bankgruppen gehandelt haben, welches Ergebnis
sich in den zwei Aufbaujahren - 1990 bis 1992 - zeigt, dies ist Analysege-
genstand der Untersuchung von Sebastian Klein.

Ende 1991 war eine erste Untersuchung zu dieser Frage durchgeführt
worden; die Ergebnisse waren zwar signifikant, die Entwicklung schien
aber noch nicht abschließend beurteilbar. Auf der Grundlage der statisti-
schen Erhebung Ende 1992 dürfte nun aber die Möglichkeit einer Strate-
giebeschreibung und einer - vorsichtigen - Strategiebewertung gegeben
sein. Die Ergebnisse, die Sebastian Klein nunmehr vorlegt, dürften auf
ein breites Interesse stoßen und zum Nachdenken anregen.

Im Vorwort das Resumée vorwegzunehmen, wäre nicht nur dem Autor
gegenüber unfair, sondern könnte dem - eiligen - Leser das
Nachvollziehen abnehmen; die Ergebnisse sind hoch interessant und
bieten eine Dokumentation einer Entwicklung, die jedenfalls in dieser
Form nicht vorauszusehen war.

Zu hoffen bleibt, daß die von Sebastian Klein vorgelegte Arbeit, während seiner Tätigkeit als wissenschaftlicher Mitarbeiter am Lehrstuhl für Finanz- und Bankmanagement der Wissenschaftlichen Hochschule für Unternehmensführung Koblenz geschrieben, zu einer vertiefenden Diskussion Anlaß gibt.

Vallendar, im März 1993   Prof. Dr. Adolf-Friedrich Jacob

Vorwort

Die Frage der optimalen Gestaltung des Vertriebssystems für Bankdienstleistungen ist in der jüngeren Vergangenheit angesichts der Diskussion um Geschäftsstellenrentabilität, Cross-Selling, Allfinanz und technische Innovationen zu einem zentralen Problem des Bankmarketing avanciert. Durch die Verbindung dieser Fragestellung mit den Strategien der Banken in den neuen Bundesländern gewinnt sie zusätzlich an Aktualität. Falls die vorliegende Arbeit Anlaß zur weitergehenden Diskussion über die angesprochenen Themenkreise in Theorie und Praxis gibt, wäre ich sehr dankbar, und die Arbeit hätte eines ihrer zentralen Ziele erfüllt.

Mir ist es ein Bedürfnis - und nicht bloß eine Pflicht -, denjenigen Menschen zu danken, die maßgeblichen Anteil am Zustandekommen dieser Arbeit haben: Herrn Prof. Dr. Adolf-Friedrich Jacob, an dessen Lehrstuhl die Arbeit entstanden ist und der mir jede nur mögliche fachliche und organisatorische Hilfe zuteil werden ließ. Seine Unterstützung und sein fundierter fachlicher Rat haben die Arbeit in der vorliegenden Form erst möglich gemacht. Darüber hinaus möchte ich meinem Kollegen, Herrn Dipl.-Kfm. Andreas Nick, für die kritische Durchsicht des Manuskriptes und für so manche - äußerst wertvollen - Anregungen danken.

Ohne die Verdienste der zuvor genannten Personen und den damit verbundenen Dank in irgendeiner Form schmälern zu wollen, möchte ich die Arbeit meinem Vater widmen. Er hat nicht nur durch sein großes Engagement bei der Durchsicht der Arbeit unmittelbar zu deren Gelingen beigetragen, sondern auch durch seine fortwährende väterliche Güte und Unterstützung, mit der er meinen bisherigen Lebensweg begleitet hat, meine Entwicklung maßgeblich gefördert.

Vallendar, im März 1993   Sebastian Klein

INHALTSVERZEICHNIS

1.   EINFÜHRUNG

1.1.   Problemstellung und Zielsetzung der Untersuchung

Mit der Öffnung der innerdeutschen Grenze und dem Fall der Berliner Mauer am 9. November 1989 zeichnete sich bereits das Ende der deutschen Teilung ab.[1] So kamen schon am 19. Dezember 1989 Bundeskanzler Helmut Kohl und der damalige Ministerpräsident der ehemaligen DDR, Hans Modrow, darin überein, daß die beiden deutschen Staaten eine Vertragsgemeinschaft bilden sollten.

Da eine solche Annäherung zweier Staatsgebilde, die auf zwei völlig unterschiedlichen politischen und wirtschaftlichen Grundvorstellungen und Systemen basierten, nur dann gelingen konnte, falls eine Angleichung der politischen, sozialen und insbesondere auch ökonomischen Rahmenbedingungen erfolgte, wurden bereits Anfang 1990 Beratungen hinsichtlich der Schaffung einer innerdeutschen Währungs-, Wirtschafts- und Sozialunion aufgenommen.

Zur gleichen Zeit wurden auch schon in vielen Bereichen der DDR-Wirtschaft Maßnahmen zur Stärkung der Marktkräfte eingeleitet mit dem Ziel der Transformation der zentralistisch gelenkten Planwirtschaft in ein marktwirtschaftliches System nach westdeutschem Vorbild. Sehr schnell wurde dabei deutlich, daß "die marktmäßige Wiederbelebung des nahezu vollständig im staatlichen Planwesen erstarrten Kreditsektors eine unumgängliche Voraussetzung (...) für ein zügiges Tempo bei der ökonomischen Erneuerung der DDR sein wird."[2]

Um diese Umgestaltung des Bankensektors relativ schnell und effizient zu vollziehen, ermöglichte man westdeutschen Kreditinstituten ab dem 1. Juli 1990, dem Tag der innerdeutschen Währungs-, Wirtschafts- und Sozia-

---

[1]   Ein detaillierter Überblick über die historisch bedeutsamen Ereignisse von der Maueröffnung bis zum Vollzug der deutschen Wiedervereinigung findet sich in Form einer Zeittafel bei Schäuble (1991), S. 289ff.

[2]   Stein (1990), S. 83; vgl. auch Siebert (1992), S. 25 und Köllhofer (1991), S. 177

lunion, die Aufnahme des operativen Geschäfts in den neuen Bundesländern. Insbesondere die drei Großbanken, Deutsche Bank, Dresdner Bank und Commerzbank, versuchten, sich möglichst frühzeitig auf diesem neuen Markt zu etablieren und bedienten sich dabei unterschiedlicher Strategien.

Ziel der vorliegenden Arbeit ist es nun, gut zwei Jahre nach dem Beginn der Geschäftstätigkeit der Institute in den neuen Bundesländern die dabei jeweils gewählten Strategien darzustellen und einer ersten Beurteilung im Hinblick auf deren jeweilige Erfolgsträchtigkeit zu unterziehen.

Selbst wenn, wie durch den Titel der Arbeit bereits dokumentiert, die Großbanken im Mittelpunkt der Analyse stehen, so werden doch auch andere Kreditinstitute und deren strategisches Vorgehen auf dem ostdeutschen Markt behandelt,[3] da diese quasi das Wettbewerberumfeld für die drei Großbanken bilden.

Somit soll die nachfolgende Untersuchung einen umfassenden Überblick über den Bankenmarkt der fünf neuen Bundesländer, so wie er sich aufgrund der von den einzelnen Instituten vollzogenen strategischen Entscheidungen und Maßnahmen bis Ende 1992 entwickelt hat, geben und auf der Basis der Beurteilung des Vorgehens der verschiedenen Banken mögliche zukünftige Entwicklungsperspektiven des Marktes aufzeigen.

---

[3]   Vgl. insbesondere 2.2.3.

1.2.   Gang der Untersuchung

Die vorliegende Arbeit gliedert sich - abgesehen von dem Einführungs-
kapitel - in fünf große Abschnitte. Ausgehend von der Überlegung, daß
die Analyse und Prognose der Marktgegebenheiten eine wesentliche Stufe
im Prozeß der strategischen Planung darstellt,[4] werden im ersten Teil der
Arbeit die Rahmenbedingungen des Bankenmarktes der neuen Bundesländer behandelt. Dabei werden die rechtlichen Rahmenbedingungen, die
Kundenstruktur und das Kundenverhalten sowie die Konkurrenzsituation
untersucht.

Auf der Grundlage der Ergebnisse dieses ersten Abschnittes werden dann
im zweiten Kapitel mögliche Strategiealternativen hinsichtlich des Vertriebssystems, der Frage externes versus internes Wachstum sowie bezüglich des Markteintritts entwickelt.

Daran schließt sich die Beschreibung der von den drei Instituten tatsächlich gewählten Strategien an, die dann im vierten Teil mit Hilfe verschiedener Methoden und unter unterschiedlichen Aspekten bewertet werden.
Im Rahmen dieser Beurteilung der von den verschiedenen Instituten gewählten Strategien wird dann auch eine empirische Erhebung, die das
Bankstellennetz in den fünf neuen Bundesländern detailliert untersucht,
vorgestellt. In einer darauf aufbauenden zweiten empirischen Analyse
werden die von den Banken erzielten Ergebnisse (z.B. Volumina, Kundenzahl) in Relation zu den dafür eingesetzten Ressourcen (z.B. Bankstellenzahl, Personal) gesetzt.

Ausgehend von dieser Bewertung der Strategien werden dann jeweils
Tendenzen bezüglich der zukünftigen Entwicklung des Bankenmarktes in
Ostdeutschland aufgezeigt. Abschließend erfolgt eine thesenartige Zu-
sammenfassung der zentralen, in der vorausgegangenen Untersuchung
erzielten Ergebnisse.
Abbildung 1 gibt den Gang der Untersuchung synoptisch wieder.

---

4   Vgl. Korndörfer (1988), S. 376

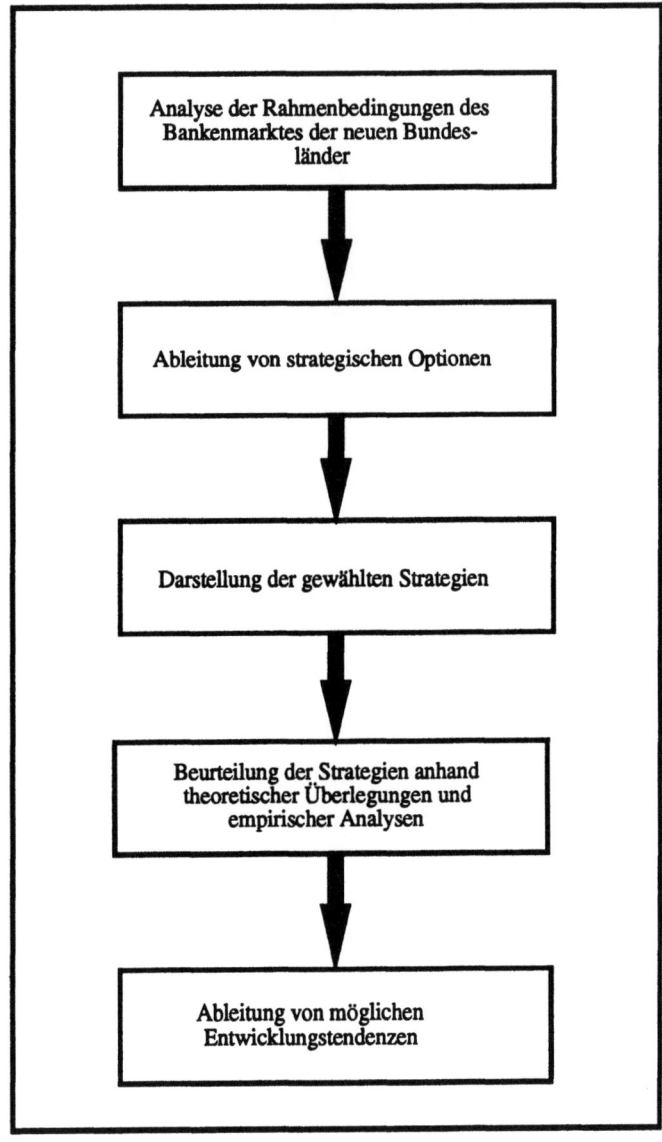

Abbildung 1: Schematische Darstellung des Untersuchungsverlaufs

1.3. Definitionen und Abgrenzungen

Die Themenstellung der vorliegenden Arbeit verlangt eine terminologische Klärung folgender Begriffe:
(1) Strategie
(2) Großbanken
(3) Neue Bundesländer

1.3.1. Zum Begriff der Strategie

In der Literatur existiert bisher keine einheitliche Definition des Strategiebegriffs, sondern eine Vielzahl unterschiedlicher Interpretationen und Auffassungen.[5] Zudem wird eine klare Inhaltsabgrenzung dadurch erschwert, daß der Terminus in den letzten Jahren zu einem "Modewort" geworden ist[6]: "Strategisch wird heute vieles genannt. Begriffliche Klarheit fehlt weitgehend."[7] Um so mehr ist es daher notwendig, einer Arbeit, in deren Zentrum die Darlegung und Beurteilung von Strategien steht, eine terminologische Abgrenzung des Begriffes voranzustellen.

Etymologisch läßt sich der Begriff "Strategie" aus dem Alt-Griechischen herleiten: "strategos" bedeutet dort Feldherr bzw. Heerführer. Eingang in die wirtschaftswissenschaftliche Theorie fand der Terminus über die Spieltheorie.[8] Im betriebswirtschaftlichen Schrifttum wird der Strategiebegriff häufig im Zusammenhang mit dem Problemkreis der Unternehmensplanung verwendet, so daß auch von "Unternehmensstrategie" gesprochen wird.[9]

Die eingehende Beschäftigung mit unternehmensstrategischen Fragestellungen begann in den 70er Jahren, ausgelöst durch Umweltturbulenzen

---

5   Vgl. Meffert (1988), S. 3; vgl. auch Steffenhagen (1988), S. 89
6   Vgl. Albach (1988), S.2; Terrahe (1991), S. 587
7   Albach (1992), S. 663
8   Die geschichtliche Entwicklung des Strategiebegriffs und dessen Einführung in die betriebswirtschaftliche Literatur zeichnet Kreikebaum (1987), S. 24f. nach. Eine detaillierte und umfassende Darstellung der Forschungsarbeiten im Rahmen der Spieltheorie bieten Fudenberg/Tirole (1991).
9   Vgl. Aaker (1989), S. 4

(Ölpreisschock, Freigabe der Wechselkurse),[10] wobei insbesondere die von Unternehmensberatern entwickelten Portfolio-Modelle große Beachtung erlangten.[11] Lange Zeit war dann das strategische Management durch eine Außenwelt-Orientierung gekennzeichnet, so daß Fragen des strategischen Marketings[12] im Vordergrund standen, bevor Anfang der 80er Jahre eine Öffnung zu Problemstellungen des Technologie-Managements, der strategischen Investitionsplanung und des Innovationsmanagements erfolgte.[13] Da die vorliegende Arbeit sich auf strategische Aspekte der Erschließung eines neuen *Marktes* (fünf neue Bundesländer) konzentriert, ist ein Strategiebegriff zugrunde zu legen, in dem eine Außenwelt-Orientierung zum Ausdruck kommt und der somit eng mit dem strategischen Marketing verknüpft ist.

Dieses Kriterium erfüllt die von Williams in Anlehnung an Porter entwickelte Definition, welche Strategie als das Bindeglied ("link") zwischen einem Unternehmen mit seinen komparativen Wettbewerbsvorteilen und dem Markt umschreibt.[14] Zu beachten ist dabei, daß diese Definition explizit die Wettbewerbsorientierung von Strategien betont, was dem heutigen Strategieverständnis im Rahmen des strategischen Marketing entspricht. Während nämlich in den 60er und 70er Jahren nachfragebezogene Strategiekonzepte dominierten, kam es in der Folgezeit zu einer stärkeren Betonung und Berücksichtigung der Wettbewerbsbeziehungen - bedingt durch den Wandel vieler Märkte - im Rahmen der strategischen Planung.[15] Diese Entwicklung basierte auf der Erkenntnis, daß "eine optimale Erfüllung von Nachfragebedürfnissen für

---

10   Vgl. Albach (1988), S. 2
11   Vgl. Bauer (1991), S. 390; vgl. auch Servatius (1991), S. 13. Zur
       Portfoliotechnik vgl. Albach (1979); Hinterhuber (1990);
       Nieschlag/Dichtl/Hörschgen (1985), S. 842ff. und zur Kritik an diesen
       Modellen Albach (1988).
12   Vgl. dazu z.B. den Sammelband von Wieselhuber/Töpfer (1986).
13   Vgl. Servatius (1991), S. 13f. und die dort jeweils angegebene Literatur.
14   Vgl. Williams (1989).
15   Auf die Bedeutung der Wettbewerberorientierung und der Erlangung von
       komparativen, dauerhaften Wettbewerbsvorteilen hat insbesondere Porter
       hingewiesen (vgl. z.B. Porter, 1985, S. 11).

den Erfolg dann nicht ausreicht, wenn dies Wettbewerber in gleicher Weise bewerkstelligen"[16].

Bei der Wettbewerbsorientierung ist ebenso wie bei der Nachfrageorientierung zwischen einem Analyseaspekt und einem Wirkungsaspekt zu unterscheiden; d.h. einerseits stellt die Untersuchung und Prognose der Marktgegebenheiten (Kundenbedürfnisse, Konkurrenzstrategien und -aktionen) eine notwendige Voraussetzung für eine erfolgversprechende Strategieentwicklung dar, andererseits beeinflußt dann aber wiederum die auf Basis der Analyse gewählte Strategie das Marktgeschehen. Unter Berücksichtigung dieser Überlegung läßt sich die Beziehung zwischen Unternehmen, Markt und Strategie schematisch wie folgt darstellen:

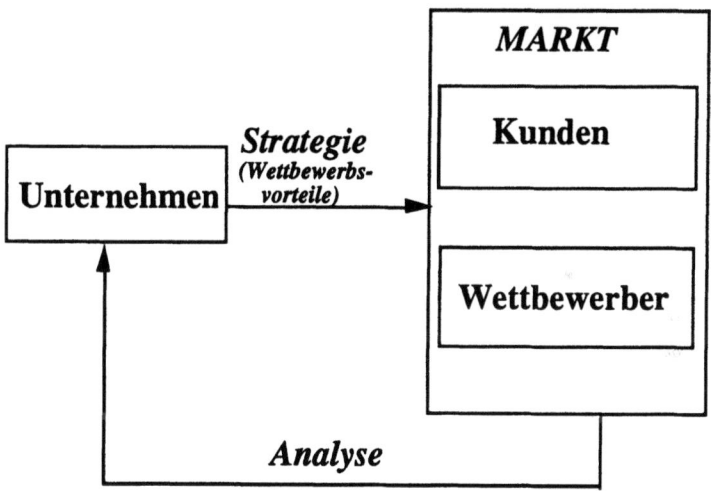

Abbildung 2: Strategie als Bindeglied zwischen Markt und Unternehmen

Die zuvor beschriebene Strategieauffassung wollen wir den folgenden Überlegungen zugrunde legen, wobei der Dualität von Analyse- und Wirkungsaspekt in dieser Arbeit dadurch Rechnung getragen wird, daß zunächst eine Analyse des Bankenmarktes der fünf neuen Bundesländer erfolgt (Analyseaspekt), an die sich die Darlegung und Beurteilung der

---

16   Bauer (1991), S. 391

von den Großbanken gewählten Strategien anschließt, bevor die Wir-
kungen dieser Strategien auf den Markt untersucht werden
(Wirkungsaspekt).

Da es sich bei der zuvor dargelegten Strategieauffassung um eine relativ
weite Umschreibung des Strategiebegriffs handelt, scheint es sinnvoll zur
Präzisierung des Terminus die wesentlichen Elemente einer Strategie
bzw. die zentralen Entscheidungstatbestände darzulegen. Hierbei lehnen
wir uns an die Untersuchung von Steffenhagen an, der eine Vielzahl von
Strategiedefinitionen untersucht hat und dabei feststellte, daß folgende
Dimensionen des Strategiebegriffes eine besondere Bedeutung haben:[17]

- Setzen strategischer Ziele
- Wahl der Betätigungsfelder (einschließlich Bestimmung
  des Investitionsniveaus[18])
- Festlegung von Prioritäten in den Beschäftigungsfeldern
- Allokation von Ressourcen
- Festlegung von Steuerungsgrößen
- Bestimmung des Entwicklungspfades der Steuerungsgrößen
- Globale Festlegung von Aktionsprogrammen im Sinne. von
  Maßnahmenbündeln[19]

Abschließend ist noch darauf hinzuweisen, daß es innerhalb der strate-
gischen Planung von Banken drei Bereiche gibt, in denen bankspezifische
Engpaßfaktoren zu berücksichtigen sind, die auch für die nachfolgenden
Überlegungen von zentraler Bedeutung sind, nämlich:[20]

- Volumenentwicklung
  Engpaßfaktor: Eigenmittel

---

17 Vgl. Steffenhagen (1980)
18 Vgl. dazu insbesondere Aaker (1989), S. 4
19 Daneben erwähnt Steffenhagen noch die Punkte geringer Präsizierungsgrad
    und mehrere Betrachtungsebenen, die jedoch, da sie keine
    Entscheidungstatbestände im eigentlichen Sinne sind, nicht in die obige
    Auflistung aufgenommen wurden.
20 Vgl. Jacob (1986), S. 15

- Dienstleistungsgeschäft
  Engpaßfaktor: Kosten der vorgehaltenen Kapazität

- Investitionsvolumen (Sachanlagen und Beteiligungen)
  Engpaßfaktor: Eigenmittel

1.3.2. Abgrenzung des Untersuchungsobjektes "Großbanken"

Unter dem Begriff "Großbanken" werden in Anlehnung an die Bundesbankstatistik folgende drei Kreditinstitute subsumiert:[21]
(1) Deutsche Bank
(2) Dresdner Bank
(3) Commerzbank

Abbildung 3 verdeutlicht die Stellung dieser drei privaten Bankunternehmen unter den fünf größten Kreditinstituten anhand der Kennzahl Konzernbilanzsumme. Folgende Punkte verdienen dabei besondere Beachtung:

- Die Deutsche Bank ist das mit Abstand größte Kreditinstitut, gefolgt von der Dresdner Bank. Die übrigen drei Banken liegen, gemessen an ihrer Konzernbilanzsumme, relativ nahe beieinander, weisen jedoch eine deutlich geringere Bilanzsumme als die beiden erstgenannten Kreditinstitute auf.

- Während 1990 die Commerzbank noch die dritte Position innerhalb dieses "Ranking" einnahm, wies 1991 die Westdeutsche Landesbank bereits eine höhere Bilanzssumme als die Commerzbank auf. 1992 fiel das Institut dann sogar auf den fünften Platz zurück. Insofern ist der Begriff "Großbanken" irreführend, da die Commerzbank nicht mehr zu den drei größten Kreditinstituten in der Bundesrepublik Deutschland zählt.

---

21   Vgl. Büschgen (1983), S. 4

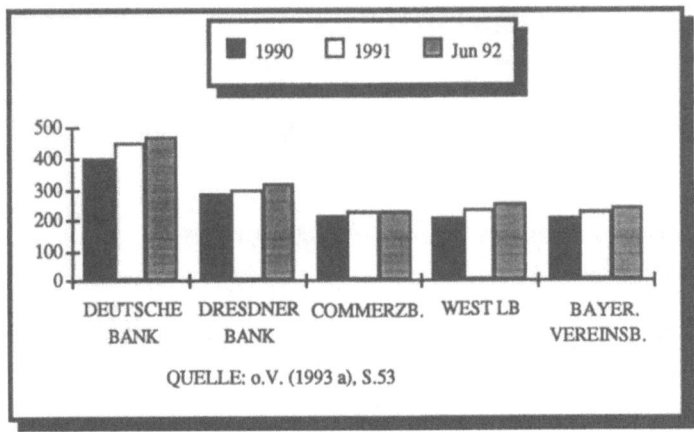

Abbildung 3: Entwicklung der Konzernbilanzsumme der fünf größten Kreditinstitute in der Bundesrepublik Deutschland (in Milliarden DM)

Neben ihrem hohen Geschäftsvolumen als quantitatives Charakteristikum lassen sich die Großbanken durch folgende qualitative Merkmale näher kennzeichnen:

- Sie gehören zur Gruppe der privaten Geschäftsbanken und besitzen die Rechtsform der Aktiengesellschaft.[22]

- Sie können als Prototypen des Universalbanksystems verstanden werden,[23] da sie ein breites Grundsortiment an Bankdienstleistungen und -produkten anbieten.[24]

- Sie haben ihr Niederlassungsnetz über das gesamte Gebiet Westdeutschlands ausgedehnt und verfügen über ein weites Stützpunktnetz im Ausland.[25]

---

22 Vgl. Spremann (1991), S. 39
23 Vgl. Priewasser (1982), S. 82; vgl. auch Pohl (1976), S. 124
24 Vgl. zum Begriff und den Vorteilen der Universalbank z.B. Süchting (1992), S. 433f.
25 Vgl. Schierenbeck (1990), S. 318f.

1.3.3.   Abgrenzung des Untersuchungsgebietes "Neue Bundesländer"

Die Bezeichnung "Neue Bundesländer" bezieht sich auf die am 3. Oktober 1990 der Bundesrepublik Deutschland ("Westdeutschland") beigetretenen Länder. Im einzelnen handelt es sich hierbei um die Länder Brandenburg, Mecklenburg-Vorpommern, Thüringen, Sachsen, Sachsen-Anhalt sowie um Ost-Berlin. Synonym zu dem Begriff "Neue Bundesländer" werden die Termini " ehemalige DDR" und "Ostdeutschland" im Rahmen der vorliegenden Arbeit gebraucht.

2. STRUKTUR UND RAHMENBEDINGUNGEN DES BANKENMARKTES IN DEN NEUEN BUNDESLÄNDERN

Um die Strategien der drei Großbanken in den neuen Bundesländern einordnen und bewerten zu können, scheint es sinnvoll, zunächst die Rahmenbedingungen und die Besonderheiten des Bankenmarktes "neue Bundesländer" aufzuzeigen, da "Strategie" quasi das Bindeglied zwischen einem Unternehmen und dem Markt darstellt.

Dabei ergeben sich gewisse Spezifika dieses Marktes aus der Tatsache, daß sich das Bankwesen in der ehemaligen DDR bis zum Frühjahr 1990 grundlegend von dem in der Bundesrepublik unterschied. Daher soll im folgenden kurz das "alte" Banksystem der ehemaligen DDR beschrieben werden, um dann in einem zweiten Schritt den Markt in den neuen Bundesländern mit seinen Besonderheiten schildern zu können.

2.1. Das Bankensystem in der ehemaligen DDR

2.1.1. Organisation und Struktur

Gemäß Artikel 12 der DDR-Verfassung bestand in der DDR ein staatliches Bankmonopol. Dadurch war das Bankensystem unmittelbarer Bestandteil des Staatsapparates und ein wichtiges Organ der staatlichen Planwirtschaft. Seine Hauptaufgabe bestand darin, die zur Planrealisierung notwendige Geldmenge zur Verfügung zu stellen. Darüber hinaus hatte es zahlreiche Zahlungs-, Finanzierungs-, Kontroll- und Sanktionsfunktionen im Wirtschaftsprozeß.[26]

Neben den rein bankgeschäftlichen Aufgaben hatten die Kreditinstitute also auch eine wesentliche Funktion, in dem Planwirtschaften kennzeichnenden Planungsprozeß.[27] Zum einen waren sie an die

---

[26]   Vgl. Berger (1990), S. 71f.; vgl. auch Deutsche Bank (1990), S. 20
[27]   Vgl. Fox (1978), S. 180

Planungssysteme der von ihnen zu betreuenden Betriebe angeschlossen, die die Grundlage ihrer eigenen Planung darstellten; zum anderen hatten sie Beratungs- und Kontrollfunktionen im Rahmen des Planungsprozesses der Betriebe wahrzunehmen.[28]

Die Struktur des Bankensystems in der ehemaligen DDR läßt sich anhand folgender Abbildung verdeutlichen.

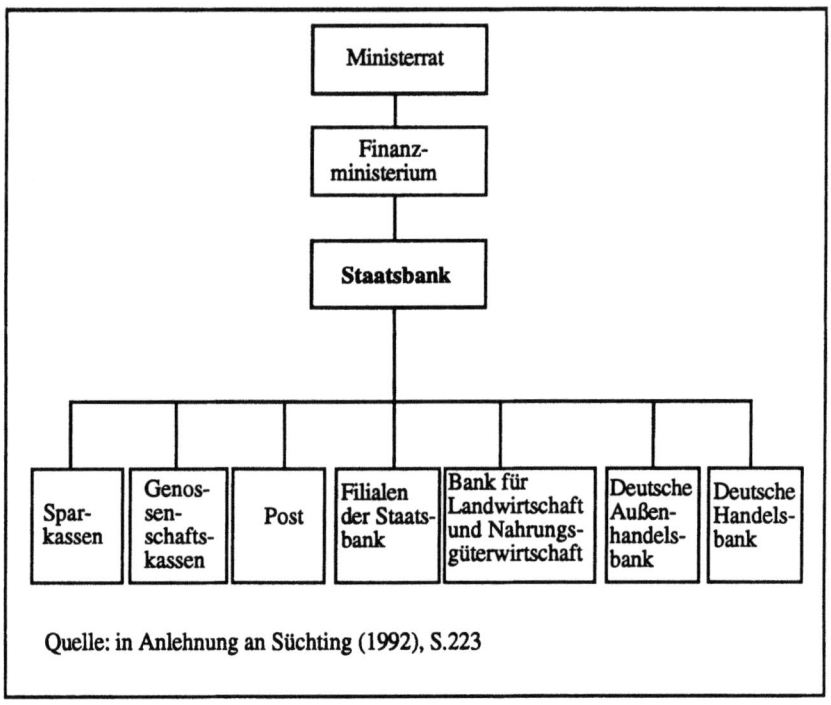

Abbildung 4: Die Struktur des Banksystems in der ehemaligen DDR

Wie aus Abbildung 4 ersichtlich, bestand das Banksystem in der ehemaligen DDR aus der Staatsbank, staatlichen und genossenschaftlichen Geschäftsbanken, Sparkassen sowie Postsparkassen.[29] Alle Institute hatten

---

28 Vgl. Süchting (1992), S. 223
29 Vgl. zur geschichtlichen Entwicklung des Bankensystems Krafft (1992), S. 109f.

rein öffentlichen Charakter und waren entweder der Staatsbank direkt unterstellt (Sparkassen) oder hatten deren Weisungen zu befolgen.[30] Damit nahm die Staatsbank, die ihrerseits an die Weisungen der Volkskammer und des Ministerrates der DDR gebunden war, eine dominierende Rolle ein, zumal sie nicht nur die Aufgaben einer Notenbank erfüllte, sondern auch als Geschäftsbank für die Bereiche Industrie, Bauwesen, Binnenhandel, Verkehr, Post, Fernmeldewesen sowie weitere Wirtschaftsbereiche zuständig war.[31] Es bestand also ein formal **einstufiges Finanzsystem** im Gegensatz zur Dreistufigkeit in der Bundesrepublik.[32]

Neben der Einstufigkeit war das Banksystem auch durch eine starke Zentralisierung gekennzeichnet, denn sowohl die Sparkassen als auch die Bäuerlichen Handelsgenossenschaften wurden von der Staatsbank bzw. der Bank für Land-und Nahrungsgüterwirtschaft (BLN) kontrolliert, so daß es in der DDR eigentlich nur 6 verschiedene Kreditinstitute gab: Staatsbank, Bank für Landwirtschaft und Nahrungsgüterwirtschaft (BLN), Deutsche Außenhandelsbank (DABA), Genossenschaftskassen für Handel und Gewerbe, Sparkassen und Postsparkassen. Dieses Prinzip des "Demokratischen Zentralismus" führte dazu, daß zwischen den Bankgruppen eine staatlich vorgegebene Augabenteilung bestand.[33] Dies wird auch durch die in Tabelle 1 wiedergegebene Verteilung der Einlagen und Kredite auf die verschiedenen Bankengruppen dokumentiert.

---

30   Vgl. Dennig (1991), S. 127
31   Vgl. Stein (1990), S.78
32   Vgl. Gaddum (1991), S. 191; vgl. auch Dennig (1991), S. 127
33   Vgl. Köllhofer (1991), S. 178 ; zu den einzelnen Aufgaben der jeweiligen
      Institute vgl. Fox (1978), S. 184f.

	Zahl der Institute	Zahl der Geschäfts-stellen	Einlagen von Nichtbanken in %	Kredite an Nichtbanken in %
1. Geschäftsbanken	3	539	8,4	92,9
davon: Staatsbank	1	338		80,0
DABA	1	26		5,0
BLN	1	175	8,4	7,9
2. Genossenschafts-kassen	371	2559	6,9	3,1
davon: f. Handel u. Gew.	98	178	6,7	3,0
Bäuerl. Handelsg.	272	2372	0,2	0,1
Bahnsparkassen	1	9		
3. Sparkassen	196	3296	81,2	4,0
4. Postsparkassen	1	12000	3,5	
Zahl insgesamt	571	18394		
Einwohner/Filiale		891		
Einw./Fil. o. Postsp.		2564		
Wert insges. in Mrd. DM			159,7	418,3

Quelle: Dennig (1991), S. 125

Tabelle 1: Verteilung des Einlagen- und Kreditvolumens auf die verschiedenen Bankgruppen in der ehemaligen DDR

Wie aus Tabelle 1 ersichtlich, hatten die Sparkassen mehr oder weniger nur die Funktion von Einlage-Sammelstellen (81% aller Einlagen in 1989, nur 4% des Kreditvolumens), während die Staatsbank als zentrale Kreditvergabestelle fungierte (80% des Kreditvolumens).

Die Filialnetzdichte lag mit 1: 891 Einwohner nahe bei derjenigen in der Bundesrepublik (1: 993). Trotz dieser quantitativen Ähnlichkeit lag ein zentraler qualitativer Unterschied darin, daß die Bevölkerung (private

Handwerksbetriebe und private Haushalte) weitgehend durch Kassen und nicht durch Banken versorgt wurde.[34]

Für staatliche Betriebe (Kombinate, volkseigene Betriebe bzw. genossenschaftlich organisierte Betriebe) waren die jeweiligen Geschäfts-bzw. Genossenschaftsbanken zuständig (siehe Abbildungen 4 und Tabelle 1). Jedem Wirtschaftssubjekt war also ein bestimmtes Kreditinstitut und sogar eine bestimmte Kontonummer zugeordnet; *eine freie Wahl der Bankverbindung war nicht möglich und somit nie ein Entscheidungsgegenstand für private Haushalte und Unternehmen.* Wettbewerb zwischen den einzelnen Instituten war damit a priori ausgeschlossen.

2.1.2. Das Leistungsangebot und der Service der Institute

Das **Leistungsangebot** der Institute beschränkte sich auf eine Anlageform (Sparkontovertrag bzw. Spargirokonto), nachdem das früher breitere Angebot nach und nach reduziert worden war,[35] für die ein einheitlicher Zinssatz (zuletzt 3,25%) zentral festgelegt wurde, und auf wenige an ganz bestimmte Tatbestände gebundene Kreditarten (Rentnerteilzahlungskredit, Wohnraumbeschaffungskredit und Wohnungsbaukredit für Privatpersonen, Grundmittelkredit, Umlaufmittelkredit und Zusatzkredit für Unternehmen).

Auch der Zins für Kredite war staatlich festgelegt, und Kredite für Unternehmen wurden nur gegeben, wenn die damit zu finanzierenden Investitionen bzw. Umlaufmittel der Planerfüllung dienten. Zins und Kredit hatten also keine Allokationsfunktion[36], und Verhandlungen über Konditionen zwischen den Kunden und dem Kreditinstitut waren nicht möglich.

Dispositionskredite gab es in der ehemaligen DDR nur für Geschäftsleute nach vorheriger Anmeldung; Privatpersonen mußten stets ein ausgegli-

---

[34] Vgl. Dennig.(1991), S. 126
[35] Vgl. Stein (1990), S. 79; vgl. auch Köllhofer (1991), S. 178
[36] Vgl. Stein (1990), S. 81

chenes Konto aufweisen, sonst unterlagen sie massiven Sanktionen (z.B. "roter Brief", Einzug des Scheckheftes).[37]

Der Zahlungsverkehr wurde kostenfrei über das Spargirokonto abgewikkelt, und neben Bargeld war der Scheck das wichtigste Zahlungsmittel. Euroscheck und Kreditkarte waren unbekannt. Es existierten jedoch Geldausgabeautomaten, bei denen es allerdings Probleme hinsichtlich der technischen Funktionsfähigkeit und der Netzdichte gab.[38]

Da sich auch die Betriebe der ehemaligen DDR nahezu ausschließlich der bargeldlosen Zahlungsform zu bedienen hatten, erhielten die Banken durch die Abwicklung des Zahlungsverkehrs weitreichende Informationen und Kontrollmöglichkeiten hinsichtlich des Finanzgebarens der Wirtschaftssubjekte; dabei hatten die Kreditinstitute insbesondere darauf zu achten, daß eine Verschuldung der Wirtschaftseinheiten über das geplante Maß vermieden wurde.[39]

Das Leistungsangebot der Institute war also alles in allem sehr gering, so daß die Bankkunden kaum diesbezügliche Entscheidungen (im Sinne der Wahl einer Alternative aus einer Liste von möglichen Alternativen[40]) treffen konnten.

Der **persönliche Service** der DDR-Banken (insbesondere der Sparkassen) wurde von den Bürgern negativ beurteilt; einen persönlichen Kontakt zum Kreditinstitut gab es in der Regel nicht, die Bankangestellten waren kaum um den einzelnen Kunden bemüht (eine logische Konsequenz des fehlenden Wettbewerbs zwischen den Instituten) und zeichneten sich vor allen Dingen durch mangelnde Diskretion und Unfreundlichkeit aus.[41]

---

37   Vgl. Infratest (1990), S. 18
38   Vgl. Infratest (1990), S. 32
39   Vgl. Fox (1978), S. 197
40   Vgl. Franke/Hax (1990), S. 94
41   Vgl. Infratest (1990), S. 27

2.2. Der Markt in den fünf neuen Bundesländern

Da die strategische Planung im wesentlichen dazu dient, "Chancen am Markt zu erkennen und sie systematisch zu nutzen"[42], stellt die Analyse des Marktes eine notwendige Voraussetzung zur erfolgreichen Strategiefindung bzw. -formulierung dar. Im Zentrum einer solchen Analyse sollten das Käufer-, das Konkurrenz-, das Absatzmittler- und das sonstige Umweltverhalten stehen.[43]

Daher wird im folgenden der Bankenmarkt der DDR hinsichtlich der rechtlichen Bedingungen, der Kundenstruktur und des Kundenverhaltens sowie der Konkurrenzsituation untersucht.[44]

2.2.1. Rechtliche Bedingungen

Die rechtliche Reformierung des Bankensystems der ehemaligen DDR erfolgte in drei Stufen. Zunächst wurde am 8. März 1990 in der Volkskammer ein Gesetz verabschiedet, das die Entflechtung der Staatsbank (in Form der Überführung ihres Geschäftsbankanteils in die neu gegründete Deutsche Kreditbank AG), die Schaffung selbständiger Geschäftsbanken und eine marktwirtschaftliche Tätigkeit der Banken vorsah.[45]

Die zweite Stufe bestand in der im Staatsvertrag vereinbarten Übernahme der westdeutschen Bankengesetzgebung (Kreditwesengesetz, Hypothekengesetz, Depotgesetz etc.) durch die DDR.[46] Damit unterlagen die

---

[42] Albach (1988), S. 9
[43] Vgl. Meffert (1986), S. 133
[44] Eine vollständige Analyse der gesamten Umweltbedingungen (etwa gesamtwirtschaftliche Prognosen, gesellschaftspolitische Aspekte) würde den Rahmen der Arbeit sprengen, daher werden nur die rechtlichen Bedingungen untersucht. Desweiteren kann auf eine Beschreibung des Absatzmittlerverhaltens unterbleiben, da Banken i.d.R. den Vertrieb ihrer Produkte bzw. Dienstleistungen selbst übernehmen.
[45] Vgl. Dennig (1991), S. 128; vgl. auch Gaddum (1991), S. 192
[46] Vgl. Vertrag über die Schaffung einer Währungs-, Wirtschafts- und Sozialunion zwischen der Bundesrepublik und der Deutschen Demokratischen Republik, 1990, S. 517 ff.

ostdeutschen Kreditinstitute den Vorschriften des Kreditwesengesetzes und der Aufsicht durch das Bundesaufsichtsamt für das Kreditwesen.[47] Schließlich wurden durch den Einigungsvertrag alle für den Finanzbereich relevanten EG-Vereinbarungen (einschließlich der 1993 wirksam werdenden Binnenmarktregelungen) in der ehemaligen DDR übernommen.

Somit bilden die alten und neuen Bundesländer im bezug auf das Bankgeschäft einen einheitlichen Rechtsraum; d.h. ausländische und westdeutsche Institute können in den neuen Bundesländern unter den gleichen rechtlichen Rahmenbedingungen wie in den alten Bundesländern operativ tätig sein, und auch die ehemaligen DDR-Institute können als Universalbanken (im Gegensatz zur früheren Spezialisierung) fungieren.[48]

Rechtliche Probleme gibt es jedoch für die Banken im Bereich der Kreditgewährung, da häufig eine Besicherung von Krediten etwa in Form der Eintragung von Grundschulden bei noch ungeklärten Eigentumsverhältnissen unmöglich ist.[49]

2.2.2. Kundenanalyse

Will man die Kundenstruktur und das Kundenverhalten in den neuen Bundesländern untersuchen, so empfiehlt es sich, zwischen den beiden grundlegenden Zielgruppen (Privat- und Firmenkunden) zu differenzieren.

2.2.2.1. Privatkundengeschäft

Die neuen Bundesländer mit ihren rund 16,5 Mio. Einwohnern stellen einen Markt dar, der rein quantitativ (d.h. bezogen auf die Einwohner-

---

[47] Vgl. Deutsche Bundesbank (1992), S. 27

[48] Die operative Tätigkeit der Westbanken war bereits ab 1.Juli 1990 möglich (Wirtschafts-und Währungsunion)

[49] Vgl. o.V. (1991); Eine ausführliche Darstellung der Eigentumsproblematik bietet Siebert (1992), S. 56ff.

zahl) etwa ein Viertel des Marktes in den alten Bundesländern ausmacht. Marktpotentiale[50] ergeben sich dabei in folgenden Bereichen:

(1)   Zahlungsverkehrsgeschäft
(2)   Einlagengeschäft
(3)   Kreditgeschäft
(4)   Provisionsgeschäft

(1) Zahlungsverkehrsgeschäft

Da bereits in der ehemaligen DDR der bargeldlose Zahlungsverkehr über das Girokonto sehr verbreitet war[51], dürfte die Akzeptanz der Bürger der fünf neuen Bundesländer hinsichtlich dieser Form des Zahlungsverkehrs generell relativ hoch sein, da Unsicherheiten bezüglich der Funktionsweise dieser Bankdienstleistung aufgrund der bereits gesammelten Erfahrungen kaum vorhanden sind. Allerdings ist davon auszugehen, daß Erklärungsbedarf hinsichtlich der Gebühren des Zahlungsverkehrs besteht, da dieser in der ehemaligen DDR kostenlos abgewickelt wurde. Trotz der aus der Gebührenfrage möglicherweise resultierenden Akzeptanzprobleme bietet das Zahlungsverkehrsgeschäft ein - rein an der Zahl der potentiellen Kunden gemessen - hohes Marktpotential, da bei jedem Haushalt (6,6 Mio. in 1990[52]) bzw. jeder Erwerbsperson (zwischern 8 und 9 Mio.[53]) der Bedarf nach einem Girokonto besteht.

Bei der Ausschöpfung dieses Marktpotentials ergeben sich für westdeutsche Kreditinstitute zwei grundlegende Probleme. Zum einen ist zu beachten, daß die ehemaligen DDR-Bürger i.d.R. bereits über eine Bankverbindung verfügen, so daß diese Kunden erst von den Konkurrenzunternehmen abgeworben werden müssen; zum anderen ist zu berücksichtigen, daß der Zahlungsverkehr als defizitäres Geschäftsfeld

---

50   Vgl. zum Begriff des Marktpotentials Kotler/Bliemel (1992), S. 385ff.
51   Vgl. 2.1.2.
52   Vgl. Statistisches Bundesamt (1992), S. 26f.
53   Die genaue Zahl hängt davon ab, ob die bisherige Erwerbsquote der ehemaligen DDR oder die Westdeutschlands zugrundegelegt wird. Vgl. dazu Neubäumer (1991), insbesondere S. 139.

bei Banken gilt[54] und somit Kundenakquisition im Zahlungsverkehrsgeschäft nicht mit dem Ziel der unmittelbaren Ergebnisverbesserung betrieben werden sollte, sondern vielmehr unter dem Aspekt der "Zubringer-Funktion für andere Bankgeschäfte"[55].

Während der Erklärungsbedarf beim Bankprodukt Girokonto - wie bereits dargelegt - relativ gering ist, erfordern andere Mittel des bargeldlosen Zahlungsverkehrs (insbesondere Euroscheck und Kreditkarten) einen höhen Erklärungsaufwand seitens der Banken, da diese Produkte den Bürgern der ehemaligen DDR nicht zur Verfügung standen.

(2) Einlagengeschäft

Von Juni bis Dezember 1990 ist das Gesamteinlagenvolumen inländischer Unternehmen und Privatpersonen bei ostdeutschen Bankniederlassungen um etwa 12 Mrd. DM gesunken, was in erster Linie auf Abhebungen zum Aufbau eines DM-Bargeldbestandes zurückzuführen sein dürfte.[56]

Wie aus Abbildung 5 ersichtlich, hat sich seither der Gesamteinlagenbestand inländischer Unternehmen und Privatpersonen nur geringfügig reduziert und beträgt 1992 rund 148 Mrd. DM. Dies entspricht einem Einlagevolumen pro Einwohner von etwa 9 000 DM.

Obwohl diese Zahl deutlich unter der Vergleichsziffer für die alten Bundesländer liegt (rund 28 865 DM pro Einwohner[57]), ist dennoch das Kundenpotential insbesondere auch im Hinblick auf Spareinlagen nicht zu unterschätzen, zumal der nach der Währungsunion befürchtete Konsumrausch im wesentlichen ausblieb.[58]

---

[54]   Vgl. Jacob (1990), S. 76
[55]   Gnoth (1992), S. 711
[56]   Vgl. Stöbe (1991), S. 250
[57]   Vgl. Dennig (1991), S. 130
[58]   Vgl. Amberger (1992), S. 285

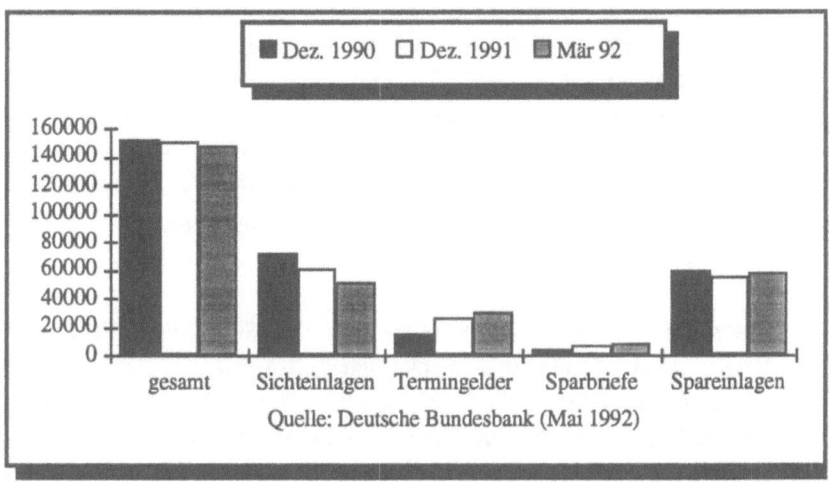

Abbildung 5: Entwicklung der Struktur der Einlagen der ostdeutschen Bankniederlassungen von inländischen Unternehmen und Privatpersonen (in Mio. DM).

Von entscheidender Bedeutung im Hinblick auf die weitere Entwicklung des Spareinlagenpotentials dürfte allerdings sein, inwieweit die Sonderbelastungen der DDR-Bürger (gestiegene Lebenshaltungskosten, Arbeitslosigkeit) zu einer Reduzierung der Sparquote oder gar zum Entsparen beitragen. Andererseits führt gerade die Furcht vor solchen Sonderbelastungen zu einer gewissen Vorsicht beim Geldausgeben und somit zum Sparen.

Interessant hierbei erscheint die Änderung in der Motivation zum Sparen; wurde in der ehemaligen DDR das Sparverhalten im wesentlichen durch die allgemeine Güterknappheit dominiert (der Einzelhandelsumsatz wuchs langsamer als die Nettogeldeinnahmen), so trat nach der Währungsreform das Vorsorgemotiv in den Vordergrund.[59]

---

59   Vgl. Infratest (1990), S. 5-7
      Vgl. auch Hammes (1990), S. 204

Das Interesse an neuen Sparformen ist dabei relativ hoch; so zeigt eine im November 1990 durchgeführte Studie, daß etwa 66% der Befragten von neuen Sparformen bereits Gebrauch gemacht haben bzw. dies beabsichtigen, 18% sind noch unentschlossen und nur 16% wollen keinen Gebrauch davon machen.[60] Dieses Interesse dürfte vor allen Dingen auf die im Vergleich zum früheren Einheitszinssatz von 3,25% höheren Renditemöglichkeiten und die ungewohnte Angebotsvielfalt zurückzuführen sein.

Unter den verschiedenen Anlage- bzw. Sparformen werden generell solche mit einer Laufzeit von im Höchstfall 3-4 Jahren, festem Zinssatz und größtmöglicher Sicherheit präferiert (etwa Sparbriefe).[61] Anhand von Abbildung 6 wird deutlich, daß dieser Präferenz entsprechende Transaktionen bereits vollzogen wurden; denn die Volumina von Termingeldern und Sparbriefen haben in den letzten drei Jahren zu Lasten der Sichteinlagen zugenommen.

Insgesamt kann festgestellt werden, daß die bei Finanzdienstleistungen als experience goods ohnehin schon immanente bzw. produktkonstitutive Unsicherheit[62] bei den Bürgern der neuen Bundesländern noch durch fehlende Informationen und Erfahrungen sowie die ungewohnte Vielfalt von Angeboten verstärkt wird.

Wenn die Banken also Kunden für neue Anlageformen gewinnen wollen, so müssen sie neben attraktiven Konditionen vor allen Dingen eine umfassende Beratung bieten und ein Vertrauensverhältnis zu den Kunden (in Form des persönlichen Kontakts zwischen Kundenberater und Kunde) aufbauen.

---

60   Vgl. Stöbe (1991), S. 250
61   Vgl. Walter (1990), S. 13
62   Vgl. Jacob/Förster (1989), S. 17; vgl. auch Zeithaml (1981), S. 186.
      Zum Problemkreis der Unsicherheit der Konsumenten beim Erwerb von
      Dienstleistungen vgl. insbesondere Suprenant (1991) und zum Einfluß von
      Erfahrungen auf das Unsicherheitsempfinden bei Dienstleistungen
      Müller/Klein (1993).

(3) Kreditgeschäft

Hinsichtlich des **Kreditgeschäftes** im Privatkundenbereich ist kurz-
bzw. mittelfristig eher mit einem geringen Potential zu rechnen. Grund
hierfür ist zunächst die insbesondere bei älteren Personen festzustellende
Abneigung gegen Kredite. Diese ablehnende Haltung resultiert wohl nicht
zuletzt aus den Erfahrungen in der ehemaligen DDR; zum einen war
"Schuldenmachen" aus ideologischer Sicht verpönt und wurde etwa bei
Überziehung des Girokontos sanktioniert, zum anderen existierte nur ein
sehr begrenztes Kreditangebot.[63] Hinzu kommt, daß die Unsicherheit
bezüglich der persönlichen und beruflichen Zukunft zu einer eher
vorsichtigen Planung von Konsumausgaben geführt hat; "zuerst sparen,
dann kaufen - das ist die Devise".[64]

Die einzige Zielgruppe, die einer Kreditaufnahme positiv gegenübersteht,
sind die einkommensschwachen Bevölkerungsschichten, vor allem die
jungen Arbeiter.[65] Dieser Personenkreis möchte möglichst schnell
westliche Konsumgüter erwerben und ist bereit, Kredite hierfür
aufzunehmen. Problematisch erscheint dies insofern, als gerade diese
Bevölkerungsschicht infolge der häufig mangelnden beruflichen Quali-
fikation von Massenentlassungen betroffen sein dürfte.

Generell kann gesagt werden, daß die Einstellung gegenüber Krediten,
und somit auch das Kundenpotential in diesem Bereich, mit der weiteren
mikro-und makroökonomischen Entwicklung (und der diesbezüglichen
Sicherheit) in den neuen Bundesländern korreliert. Kann der einzelne
seine berufliche Situation besser einschätzen und deutet sich
gesamtwirtschaftlich ein Aufschwung an, so dürfte auch das Interesse an
privaten Krediten steigen.

Hinsichtlich des **Dispositionskredites** ergibt sich ein ähnliches Bild wie
beim Konsumentenkredit; ältere Bürger stehen dem Angebot eher

---

63 Vgl. 2.1.2.
64 Infratest (1990), S. 14; vgl. auch Stöbe (1991), Abbildung 1, S. 249
65 Vgl. Infratest (1990), S. 14f.

skeptisch gegenüber, jüngere begrüßen jedoch diese bis dato unbekannte Möglichkeit.[66]

Die einzige Ausnahme im bezug auf die vorsichtige Haltung gegenüber Krediten bildet der Bereich der **Immobilienfinanzierung**. "Der Wunsch nach individuellem Wohneigentum ist nach Jahrzehnten staatlicher Wohnungszwangswirtschaft unverkennbar"[67] und die Nachfrage nach entsprechenden Krediten relativ hoch. Hier bietet sich für die Großbanken die Chance, von Anfang an mit ihrem Allfinanz-Konzept in den neuen Bundesländern Fuß zu fassen[68], da einerseits ein Großteil der Immobilienfinanzierung über Bausparverträge abgewickelt werden dürfte, und zum anderen der Wunsch nach umfassender Beratung (einschließlich der Vermittlung von Objekten) besteht[69].

(4) Provisionsgeschäft

Obwohl speziellere Anlageformen im Wertpapierbereich (z.B. Aktien) bei Akademikern und gehobenen Angestellten, die im Vergleich zum Durchschnitt eine höhere Risikofreudigkeit aufweisen, zwar bekannt sind[70], sollte das Potential hier nicht überschätzt werden, da auch in dieser Gruppe vielfach noch Unsicherheit bezüglich der beruflichen Zukunft existiert und davon auszugehen ist, daß erst mit zunehmendem Einkommen größere Nachfrage nach risikobehafteten Anlageformen zu erwarten sein dürfte.

Grund für die mangelnde Nachfrage nach längerfristigen Wertpapieren sind neben der wirtschaftlichen Unsicherheit auch die ungeklärten Eigentumsverhältnisse in Verbindung mit der Renovierungsbedürftigkeit zahlreicher Wohngebäude.[71] Falls nämlich die Eigentumsfrage zugunsten der jeweiligen Bürger entschieden werden sollte, wird der Renovierung

---

[66]   Vgl. Infratest (1990), S. 18f.
[67]   Berndt (1991), S. B 13
[68]   Vgl. Bösel (1991), S. B 14; vgl. zum Allfinanzkonzept z.B. Betsch (1992)
[69]   Vgl. Infratest (1990), S. 22
[70]   Vgl. Infratest (1990), S.10
[71]   Vgl. Schweizer (1992), S. 509

des Wohnraums erste Priorität eingeräumt. Hieraus erklärt sich die Abneigung gegen längerfristig ausgerichtete Wertpapieranlagen und die relativ hohe Liquiditätspräferenz.

Zusätzlich ist beim Aufbau des Wertpapiergeschäftes in den neuen Bundesländern zu beachten, daß Aktien, Rentenpapiere und Investmentfonds für die Kunden bisher nicht gekannte Anlagealternativen darstellen, so daß ein erhöhter Erklärungsbedarf besteht. Berücksichtigt man die vergleichsweise geringe Vermögensausstattung pro Kopf der ostdeutschen Bevölkerung, so scheint gegenwärtig der Einstieg ins Provisionsgeschäft am ehesten mit festverzinslichen Wertpapieren inländischer Emittenten bzw. mit entsprechenden Rentenfonds erfolgversprechend. Denn zum einen ist bei solchen Papieren das Bonitätsrisiko unbedeutend oder gleich Null (im Falle von Staatspapieren), da nur Schuldner erstklassiger Bonität Zugang zum deutschen Rentenmarkt haben;[72] zum anderen ergeben sich gerade zum jetzigen Zeitpunkt aufgrund der Erwartung einer zinspolitischen Entspannung, verbunden mit dem Ende der inversen Zinsstruktur, eher Chancen denn Risiken aus einer Investition in Rentenpapiere im mittel- bzw. langfristigen Laufzeitbereich.[73]

Insgesamt bleibt festzuhalten, daß das Marktpotential im Provisionsgeschäft kurzfristig eher gering einzuschätzen ist und sich erst mittel- bis langfristig zu einem bedeutenden Geschäftsfeld für Kreditinstitute in den neuen Bundesländern entwickeln dürfte.

---

[72]   Vgl. Uhlir/Steiner (1986), S. 55
[73]   Vgl. Schweizer (1992), S. 510. Zur Zinsentwicklung und -struktur am deutschen Rentenmarkt vgl. Sachverständigenrat (1991), S. 126f.

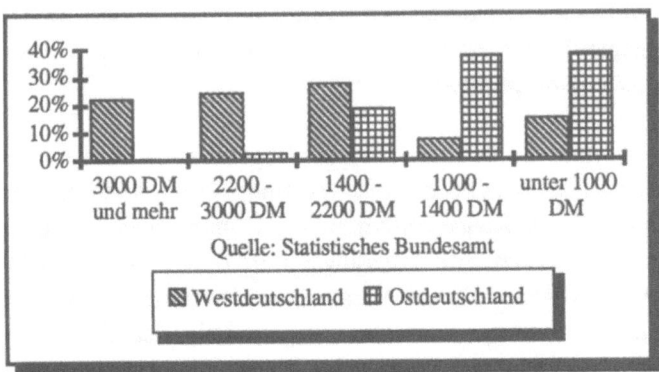

Abbildung 6: Monatliche Nettoeinkommen der Erwerbstätigen in West- und Ostdeutschland im Jahr 1991

Dabei wird der Zeithorizont entscheidend von der gesamtwirtschaftlichen (makroökonomischen) Entwicklung in Ostdeutschland und der damit verbundenen Möglichkeit der Einkommenssteigerung und des Vermögensaufbaus auf mikroökonomischer Ebene bestimmt werden.

Wie aus Abbildung 6 ersichtlich, besteht gegenwärtig noch eine enorme Diskrepanz zwischen den Nettoeinkommen west- und ostdeutscher Erwerbstätiger. Während nämlich rund 23% der Erwerbspersonen im Westen der Bundesrepublik über ein Nettoeinkommen von 3000 DM und mehr pro Monat verfügen, sind es in Ostdeutschland nur 1%. 39% hingegen haben ein Nettoeinkommen von weniger als 1000 DM, während die Vergleichszahl für Westdeutschland sich auf 16% beläuft.

Fazit:
Im Privatkundengeschäft scheint das größte Potential kurz- bzw. mittelfristig im Einlagenbereich zu existieren. Hierbei geht es allerdings anders als in den westlichen Bundesländern nicht primär um eine Anlagenoptimierung im Sinne der Portfolio-Theorie, sondern um

eine Entscheidung zwischen Sparen und Konsumieren.[74] Insofern stehen eher klassische Sparanlagen (etwa Sparverträge) im Vordergrund des Interesses, große Volumen im Provisionsgeschäft (insbesondere für komplizierte, raffinierte und risikoreiche Produkte) sind vorerst nicht zu erwarten.

Für die Entwicklung des Spar- bzw. Einlagevolumens wird dabei die gesamtwirtschaftliche Entwicklung von entscheidender Bedeutung sein.[75] Inwieweit es jedoch einzelnen westlichen Instituten gelingt, bedeutende Marktanteile im Einlagengeschäft zu erzielen, hängt zum einen davon ab, wie gut sie sich gegenüber den früheren Einlagesammelstellen "Sparkassen" zu profilieren verstehen und ob es ihnen gelingt, Vertrauenskapital[76] bei den Bürgern der neuen Bundesländer aufzubauen. Dabei ist eine intensive Beratung, verbunden mit einem transparenten Angebot, sehr wichtig, um die Unsicherheit der Kunden zu reduzieren. Im Kreditgeschäft kann wohl nur im Bereich der Immobilienfinanzierung von einem größeren Potential für die nahe Zukunft gesprochen werden.

2.2.2.2. Firmenkundengeschäft

Obwohl generell Unternehmen nicht nur als Kreditnehmer, sondern auch als Einleger interessante Kunden für Kreditinstitute sind,[77] dürfte im Firmenkundengeschäft in Ostdeutschland das Kreditgeschäft ein weit (zumindest kurz- und mittelfristig) größeres Potential aufweisen als das Einlagengeschäft. Zudem ist davon auszugehen, daß die Kreditnachfrage deutlich höher als im Privatkundengeschäft liegen wird.[78] Dabei werden sowohl bereits existierende Firmen (etwa privatisierte ehemalige VEB bzw. Kombinate) als auch neugegründete kleine und mittelständische Unternehmen Kredite nachfragen. Für beide Gruppen gilt, daß sie

---

[74] Vgl. Bösel (1991), S. B 14
[75] Vgl. Stöbe (1991), S. 252
[76] Vgl. zum Begriff "Vertrauenskapital" Albach (1980) und Jacob (1991), S. 116 ff.
[77] Vgl. Juncker (1987)
[78] Vgl. Infratest (1990), S. 16

erhebliche Investitionen tätigen müssen, um ihren Produktionsapparat dem internationalen Standard anzupassen.[79]

Allerdings gestaltet sich die Kreditgewährung für Unternehmen in den neuen Bundesländern problematisch, da eine Kreditwürdigkeitsprüfung nach westlichem Schema vielfach nicht möglich ist. Zum einen fehlen aufgrund von ungeklärten Eigentumsverhältnissen oft die Besicherungsmöglichkeiten, zum anderen gibt es weder aussagekräftige historische Kennziffern noch zuverlässige Geschäftspläne. Insofern gibt es für die freie Kreditvergabe der Banken zumindest kurzfristig gewisse Grenzen, so daß sich das Kreditgeschäft zunächst im wesentlichen auf staatlich bzw. durch die Treuhand verbürgte Kredite (etwa Liquiditätskredite) beschränken wird. Mittelfristig ergibt sich jedoch im Firmenkundengeschäft ein großes Potential, gerade auch dadurch, daß es bei einem Aufschwung in den neuen Bundesländern zu zahlreichen erfolgversprechenden Neugründungen im mittelständischen Bereich kommen wird, vergleichbar etwa der Entwicklung in den alten Bundesländern nach dem zweiten Weltkrieg.

Da sowohl bei bereits bestehenden Unternehmen als auch bei Neugründungen der freien Kreditvergabe aus den genannten Gründen relativ enge Grenzen gesetzt sind, müssen die Banken, falls sie diese Betriebe bereits frühzeitig als Kunden gewinnen wollen, integrierte Finanzierungskonzepte anbieten, die nicht nur die Finanzierung einer spezifischen Investition, sondern auch sogar eventueller Anfangsverluste zum Gegenstand haben und die neben Eigenkapitalmitteln, Mezzaninen, öffentlichen Förderungsmitteln und reinen Fremdkapitalelementen auch Risikokapital[80] einschließen können bzw. müssen.[81]

Die zentrale Funktion des Venture Capitals im Rahmen eines intergrierten Finanzierungskonzeptes ist dabei vor allen Dingen darin zu sehen, daß die

---

[79]   Vgl. Fahrholz (1991); vgl. auch Hellmann/Unterberg (1991), S. 18; Siebert (1992), S. 45 und Schröder (1992), S. 129

[80]   Vgl. zum Finanzierungsinstrument "Risikokapital" (Venture Capital) Wrede (1987) und Breuel (1988) sowie Gröschel (1991) und zur seiner finanzierungstheoretischen Einordnung Schmidt (1985).

[81]   Vgl. Krafft (1992), S. 363

Tatsache, daß für ein relativ risikoreiches Projekt (bzw. Unternehmen) Beteiligungkapital längerfristig zur Verfügung gestellt wird, als Signal für andere Kapitalgeber wirkt und diese dazu veranlaßt, Fremdkapitalmittel bereitzustellen (Dosenöffnerfunktion).

Neben der konkreten Beschaffung von Finanzierungsmitteln sollte ein integratives Finanzierungskonzept auch die betriebswirtschaftliche Beratung der Unternehmen mit einschließen. Denn zum einen besteht ein großer Beratungsbedarf seitens vieler Unternehmen in den neuen Bundesländern und zum anderen resultieren Vorteile für Banken und Firmen aus der Beratungstätigkeit.

Für die Kreditinstitute kann Beratung, gerade auch in Form etwa der Gründungsberatung, ein erster Schritt zum Aufbau einer Geschäftsbeziehung zu dem jeweiligen Betrieb sein, in deren Rahmen dann auch andere Bankprodukte abgesetzt werden können. Für Unternehmen liegt der Vorteil der Beratung durch eine Bank unter anderem möglicherweise in dem Aufbau von Vertrauenskapital, das aus den im Rahmen der Beratungstätigkeit gewonnenen Einblicke des Kreditinstituts in die Produktions- und Absatzpläne (Gewinnung von "Insider"-Informationen) resultiert und dazu beitragen kann, daß dem Unternehmen auch in wirtschaftlich problematischen Zeiten weiter Kapital zur Verfügung gestellt wird, was wiederum als positives Signal das Verhalten anderer Kapitalgeber beeinflussen kann[82]. Banken sollten allerdings beachten, daß es, wie eine empirische Untersuchung zeigt, Vorbehalte gegen die Beratungstätigkeit von Kreditinstituten seitens der Unternehmen gibt (z.B. Angst vor zu großer Einflußnahme).[83]

Dennoch bietet sich in diesem Bereich für die westdeutschen Banken eine große Chance, da sie aufgrund ihres Know-hows Existenzgründern wertvolle Hilfestellung leisten können und somit auch langfristig diese Unternehmen an sich binden könnten. Außerdem haben die drei Großbanken im Großkundengeschäft aufgrund ihrer Verbindungen und

---

82 Vgl. dazu Albach (1988 a)
83 Vgl. Marner/Jaeger (1991), S. 199. Zu weiteren möglichen Kundenwiderständen vgl. Rüschen (1990), S. 242ff.

Erfahrungen einen komparativen Wettbewerbsvorteil. Allerdings gilt prinzipiell genau wie im Privatkundengeschäft, daß von den Banken eine ausführliche Betreuung erwartet wird und ein Vertrauensverhältnis aufgebaut werden muß.[84] Insofern sind von den Banken gewisse Vorleistungen (Investitionen in den Markt bzw. die Kunden) zu erbringen.

2.2.3. Konkurrenzanalyse

Bei der Analyse der Konkurrenzsituation in den neuen Bundesländern bietet sich eine Klassifizierung der Institute entsprechend ihrer Provenienz in folgende drei Gruppen an:

(1) Westdeutsche Banken, die in die neuen Bundesländer expandieren
(2) Banken der ehemaligen DDR, insbesondere Sparkassen und Genossenschaftsbanken
(3) Ausländische Banken

(1) Westdeutsche Banken

Neben den drei Großbanken, deren Strategien weiter unten näher analysiert werden, sind es vor allen Dingen die Bayerische Hypotheken- und Wechselbank AG und die Bayerische Vereinsbank, die es zu beachten gilt.

Die *Bayerische Hypotheken- und Wechselbank* verfügt, nachdem sie Mitte 1991 in den neuen Bundesländern mit rund 21 Filialen mit den regionalen Schwerpunkten Thüringen und Sachsen vertreten war,[85] inzwischen (Ende 1992) bereits über 40 Außenstellen in 34 ostdeutschen Städten. Bis Ende 1993 soll das Zweigstellennetz auf 60 Bankstellen an 53

---

84   Vgl. Infratest (1990), S.16
85   Vgl. Stur (1991), S.22

Orten in Sachsen, Sachsen-Anhalt und Thüringen und im Großraum Berlin ausgedehnt werden.[86]

Obwohl Baufinanzierungen gewerblicher und privater Art einen Geschäftsschwerpunkt bilden, hält das Institut in diesen Zweigstellen ein umfassendes Universalbankangebot bereit und bietet die gesamte aus ihrem Stammgebiet bekannte Leistungspalette einschließlich aller Allfinanzprodukte (Versicherungen, Bausparen, Immobilienvermittlung) an.

Neben diesen Full-Service- Geschäftstellen eröffnete die Bayerische Hypotheken- und Wechselbank im Spätherbst 1991 die erste Filiale der neugegründeten Hypo-Service-Bank (H.S.B.) in Chemnitz.[87] Das Ziel dieser Tochtergesellschaft der Bayerischen Hypotheken- und Wechselbank, die mit rund 30 Mio. Aktienkapital ausgestattet ist, ist die Bedienung des privaten Breitengeschäftes. Dazu werden relativ wenige, standardisierte Produkte bzw. Basis-Dienstleistungen angeboten (z.B. das Komfort-Konto und das H.S.B.-Plus-Sparen sowie Sparbriefe, Zahlungsverkehrsgeschäfte). Weiteres Kennzeichen dieser Zweigstellen ist der starke Einsatz der Selbstbedienungstechnik. Die bis Ende 1992 eröffneten 33 Filialen der H.S.B., in denen 220 Mitarbeiter rund 16.000 Kunden bedienen, sollen im Verlauf des Jahres 1993 um weitere 30 Filialen ergänzt werden, um in den Ballungsgebieten eine stärkere Marktdurchdringung zu erreichen.

Neben der Akquisition von neuen ostdeutschen Kunden, ist das wesentliche Ziel der Bayerischen Hypotheken- und Wechselbank, ihre Firmen- und Privatkunden aus den alten Bundesländern optimal auf dem Weg in die neuen Bundesländer begleiten zu können[88].

Die *Bayerische Vereinsbank,* die 1991 in den neuen Bundesländern mit rund 25 Filialen als Universalbank vertreten war,[89] verfügt 1992 bereits - einschließlich der Filialen der von ihr erworbenen Vereins- und

---

86   Vgl. o.V. (1992)

87   Vgl. dazu und zum folgenden o.V. (1992) und Martini (1993), S. 37f.

88   Vgl. o.V. (1990), o.S.

89   Vgl. o.V. (1990 a), S.13

Westbank (Hamburg), die den nördlichen Teil der ehemaligen DDR abdeckt - über 62 Geschäftsstellen; 13 weitere sind bereits in Planung. Betreut werden inzwischen mehr als 155.000 Bankkunden, wobei das Kreditgeschäft mit 12,54 Mrd. Kreditzusagen das Einlagengeschäft (4 Mrd.) übertrifft.[90] Auch die Bayerische Vereinsbank plant den Aufbau einer der H.S.B. ähnlichen Privatkundenbank für standardisierte Basisdienstleistungen bzw. -produkte.

Die beiden bayerischen Institute weisen gewisse Ähnlichkeiten in ihrem strategischen Vorgehen auf dem Bankenmarkt der fünf neuen Bundesländer auf, welche insbesondere auch im Vergleich zu den Strategien der Großbanken[91] von Bedeutung sind. Zunächst ist beiden Banken gemeinsam, daß sie ihr Zweigstellennetz im Vergleich zu den Großbanken langsamer aufbauen und somit geringere Anfangsinvestitionen zu tragen haben, was zu einem relativ frühzeitigen Erreichen des Break-Even bzw. der Gewinnzone beitragen dürfte. Des weiteren ist zu beachten, daß beide Institute ein Universalbankangebot in den neuen Bundesländern bereit halten und insbesondere mit Hilfe der Tochterunternehmen im Segment der standardisierten Basisdienstleistungen auch Marktanteile im breiten Privatkundengeschäft gewinnen wollen, so daß sie als Konkurrenten der Großbanken nicht nur im Bereich des privaten und gewerblichen Firmenkundengeschäfts agieren, sondern auch - in stärkerem Maße als in Westdeutschland - im Mengengeschäft. Berücksichtigt man dabei, daß in den Zweigstellen, in denen diese standardisierten Basisdienstleistungen angeboten werden, aufgrund des verstärkten Einsatzes technischer Innovationen Kostenvorteile erzielt werden dürften und daß zudem die Trennung im Vertrieb von individualisierten und standardisierten Leistungen Beratungskapazität in den "traditionellen" Geschäftsstellen freisetzt, so werden die Vorzüge dieser Strategie deutlich.

---

90 Vgl. o.V. (1992), o.S.
91 Vgl. dazu ausführlich Teil 4 der vorliegenden Arbeit.

(2) Banken der ehemaligen DDR

Von den Kreditinstituten in der ehemaligen DDR dürften nach heutiger Einschätzung nur die Sparkassen und die Genossenschaftsbanken übrigbleiben.[92]

Bei den *Genossenschaftsbanken* zeichnet sich eine "Angleichung" in Richtung westdeutsche Genossenschaftsbanken ab. Die ehemaligen "Genossenschaftskassen für Handwerk und Gewerbe"[93] nehmen weitgehend die westdeutsche Volksbank-Organisation zu ihrem Vorbild und benennen sich auch schon entsprechend um; die "Bäuerlichen Handelsgenossenschaften" entwickeln sich in Richtung Raiffeisenbanken.

Beide konzentrieren sich wohl auf das Mengengeschäft im Privatkundenbereich und auf kleinere Handwerks-und Handelsbetriebe (vor allem auch in ländlichen Gebieten), wobei sie durch ihr großes Zweigstellennetz (zusammen 2550 Geschäftsstellen) einen gewissen Wettbewerbsvorteil haben. Des weiteren verfügen sie über - aus ihrer Tätigkeit in der ehemaligen DDR resultierende - Kenntnisse bezüglich der lokalen Gegebenheiten und der Kunden. Ein Nachteil dürfte für diese Institute darin bestehen, daß ihnen das Know-how der westlichen Banken fehlt.

Die *Sparkassenorganisation* in den neuen Bundesländern ist mit ihren 196 Instituten und 3.296 Geschäftsstellen als ernstzunehmender Konkurrent für die westdeutschen Geschäftsbanken insbesondere im breiten Privatkundengeschäft anzusehen. Die Transformation des Bankenmarktes der ehemaligen DDR stellte diese Institutsgruppe zwar zunächst vor große Probleme, da "die ostdeutschen Sparkassen in keiner Weise darauf vorbereitet (waren), sich im Wettbewerb behaupten zu müssen, weder was die Angebotspalette anbetrifft noch hinsichtlich der Erfüllung der personellen und organisatorischen Anforderungen, die an ein wettbewerbsorientiertes Kreditinstitut unter marktwirtschaftlichen

---

[92] Vgl. Jocham (1990), o.S.
[93] Es gibt 98 Genossenschaftskassen für Handwerk und Gewerbe mit zusammen 178 Geschäftsstellen

Bedingungen gestellt werden"[94], jedoch scheinen durch die Kooperation mit westdeutschen Sparkassen zumindest einige dieser Probleme abgemildert bzw. gelöst worden zu sein[95].

Dennoch dürften die Sparkassen den westlichen Instituten hinsichtlich des Know-hows und der Angebotspalette noch unterlegen sein. Vorteile ergeben sich für die Sparkassenorganisation jedoch aus ihrem flächendeckenden Filialnetz und der abwartenden Haltung vieler DDR-Bürger, die trotz aller Kritik an der früheren Leistung der Sparkassen diese immer noch als "ihre Bank" betrachten und zunächst abwarten möchten, inwieweit es den Instituten gelingt, sich an die veränderten Bedingungen anzupassen.[96] Hierbei muß vor allen Dingen berücksichtigt werden, daß die Sparkassen zu DDR-Zeiten über 80% der Einlagen hielten[97] und somit auch einen großen Kundenkreis im Privatkundengeschäft hatten (Orts-und Kundenkenntnisse).

Will man also Kunden im Einlagengeschäft gewinnen, so muß man sich gegenüber den Sparkassen profilieren. Zwar wird von manchen Experten für die Sparkassen lediglich ein Marktanteil von 30-50% prognostiziert[98], jedoch berücksichtigen diese Prognosen in zu geringem Maße, daß die ostdeutsche Sparkassenorganisation große Anstrengungen unternimmt, sich dem westlichen Standard anzupassen.

Im Firmenkundengeschäft sind den Sparkassen zunächst kaum gute Chancen einzuräumen. Zum einen fehlen hier die Erfahrung und die Kundenkontakte aus DDR-Zeiten[99], zum anderen macht sich gerade in diesem Geschäft das mangelnde Know-how besonders negativ bemerkbar. So zeigte eine im Land Thüringen durchgeführte Befragung von 912 Firmenverantwortlichen, daß die Sparkassen hinsichtlich der Kundenanforderungen in den Bereichen Betreuung und Beratung

---

94 Geiger (1991), S. 246
95 Vgl. o.V. (1991), o.S.
96 Vgl. Infratest (1990), S.43
97 Vgl. 2.1.2
98 Vgl. o.V.(1990 b), S.118
99 Vgl. 2.1.2

deutliche Defizite gegenüber den Großbanken nach Urteil der Firmenvertreter aufweisen.[100]

Abbildung 7 faßt die wesentlichen Wettbewerbsvor- und -nachteile der Sparkassenorganisation stichwortartig zusammen.

Neben den Genossenschaftsbanken und den Sparkassen sind auch die ehemaligen Postsparkassen, die inzwischen mit der westdeutschen Postbank vereinigt sind,[101] als Konkurrenten im breiten Mengengeschäft (insbesondere Zahlungsverkehrs- und Einlagengeschäft) zu berücksichtigen.

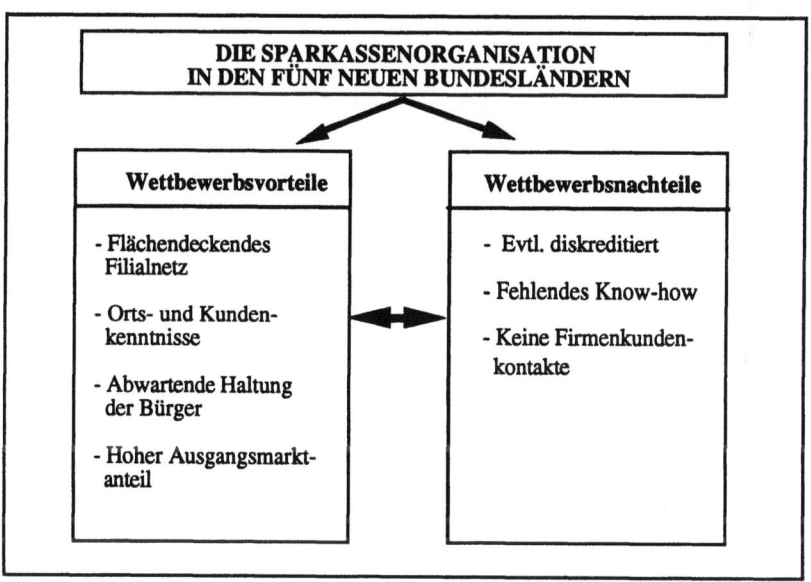

Abbildung 7: Die Stärken und Schwächen der Sparkassenorganisation in den neuen Bundesländern

---

100   Vgl. Infratest (1992), S. 4
101   Eine Chronologie der Ereignisse bis zur Vereinigung der ostdeutschen Postbank mit der westdeutschen bietet der Geschäftsbericht der Postbank für das Jahr 1990, S. 14f.

Ähnlich wie bei den Sparkassen resultieren Wettbewerbsvorteile für diese Institutsgruppe aus dem flächendeckenden Filialnetz (12.000 Bankstellen) und aus den Orts- und Kundenkenntnissen. Diesen Vorteilen dürfte insbesondere der Nachteil mangelnden Know-hows gegenüberstehen.

(3) Ausländische Banken

Ausländische Kreditinstitute spielen in den neuen Bundesländern fast gar keine Rolle. Lediglich etwa sechs Banken aus der Schweiz, Österreich, den Niederlanden, Japan und den USA haben Büros bzw. Repräsentanzen, vorwiegend in Ost-Berlin, eröffnet, ohne jedoch operativ tätig zu sein.[102]

In naher Zukunft werden sich diese Banken wohl kaum dem retail banking in den neuen Bundesländern - ebensowenig wie in den alten Bundesländern - zuwenden und dort als Konkurrenten auftreten;[103] denkbar ist jedoch, daß sie im Firmenkundengeschäft tätig werden und zwar in erster Linie mit dem Ziel, Unternehmen aus ihrem Stammland bei der Expansion in die ehemalige DDR zu unterstützen. Dieses vorsichtige Vorgehen der ausländischen Banken ist darauf zurückzuführen, daß sie gewisse Wettbewerbsnachteile im Hinblick auf Sprache, Mentalität und geographische Nähe gegenüber den westdeutschen Instituten befürchten.

Fazit:
Die Analyse des Marktes in den neuen Bundesländern hat gezeigt, daß hier durchaus **Wachstumsmöglichkeiten** für westdeutsche Kreditinstitute bestehen. Den Schwerpunkt dabei bilden zunächst das Einlagengeschäft (Privatkundenbereich) und das Kreditgeschäft im Firmenkundenbereich. Für beide Bereiche gilt jedoch, daß erhebliche Investitionen in den Markt in Form von Information, Beratung,

---

102   Vgl. o.V. (1991 a), S. 16
103   Vgl. Morschhäuser (1993), S. 22

Aufklärung, Errichtung eines Vertriebsnetzes etc. erbracht werden müssen.

Darüber hinaus ist zu berücksichtigen, daß das Wachstumspotential im Einlagengeschäft zu einem großen Teil auch von der weiteren Entwicklung der Sparkassenorganisation in den neuen Ländern bestimmt werden dürfte. Paßt sich diese trotz aller aktuellen Probleme schnell an den westlichen Standard bezüglich Service, Konditionen, Angebotspalette an, so werden für die westlichen Banken enorme Anstrengungen vonnöten sein, um Kunden von den Sparkassen abzuwerben.

Im Firmenkundengeschäft erscheint die Situation diesbezüglich günstiger; hier dürfte im wesentlichen der Wettbewerb unter den westlichen Instituten über die Verteilung der Marktanteile bestimmen, zumindestens solange, wie die ostdeutschen Institute an Zeit benötigen, um etwa im bezug auf das im Firmenkundengeschäft erforderliche Know-how westlichen Standard zu erreichen.

3. STRATEGISCHE OPTIONEN

Die Marktanalyse unter Punkt 2 ergab, daß es sich bei den neuen Bundesländern um einen Markt mit Wachstumschancen für die westdeutschen Banken handelt. Daher sind Strategieoptionen für diesen Markt zunächst im Bereich der Wachstumsstrategien zu suchen. Einen ersten Ansatz bietet dabei Ansoff mit seiner Produkt-Markt-Matrix[104], die in Abbildung 8 dargestellt ist.

Märkte / Produkte	gegenwärtig	neu
gegenwärtig	Marktdurchdringung	Marktentwicklung
neu	Produktentwicklung	Diversifikation

Quelle: Meffert (1986), S. 90

Abbildung. 8: Die Produkt-Markt-Matrix nach Ansoff

Für unsere Analyse sind dabei die Strategien der *Marktentwicklung* und der *Diversifikation* relevant, da es sich bei der ehemaligen DDR um einen neuen Markt für die westdeutschen Institute handelt.

Die Strategie der Diversifikation jedoch scheidet insofern aus, als daß es kaum sinnvoll erscheint, für diesen Markt grundlegend neue Produkte anzubieten (horizontale Diversifikation), da es sich um einen relativ kleinen Markt handelt, der zudem mit den alten Bundesländern zu einem

---

104   Vgl. Ansoff (1966), S. 13 ff.

gemeinsamen Markt zusammenwachsen soll. Für den Markt der ehemaligen DDR bleibt also die Strategie der **Marktentwicklung** im Sinne der "Erschließung zusätzlicher Absatzmärkte durch regionale, nationale oder internationale Ausdehnung"[105]. Da diese Strategie auch die Grundlage der Expansion westdeutscher Kreditinstitute in die übrigen Staaten Westeuropas bildet, soll im folgenden untersucht werden, inwieweit die Europa-Strategien der drei Großbanken als Anhaltspunkte für die Strategiefindung hinsichtlich der neuen Bundesländer dienen können.

3.1. Die Europa-Strategien der drei Großbanken als mögliche Erklärungsbasis für die Strategien in Ostdeutschland[106]

3.1.1. Die Europa-Strategie der Deutschen Bank

Die Deutsche Bank sieht den europäischen Binnenmarkt als ihren zukünftigen Heimatmarkt an und möchte zu einer echten Europabank werden.[107] Allerdings gilt diese Zielsetzung nur für die Bereiche Wertpapier-, Geld- und Devisenhandel, Corporate Finance und Asset Management, das breite Privatkundengeschäft soll hingegen nur in einigen Ländern (Italien und Spanien) betrieben werden.[108] Um diese Zielsetzung zu verwirklichen, setzt man fast ausschließlich auf die **Akquisition** von bereits bestehenden Banken in den Ländern des EG-Binnenmarktes.

So kaufte die Deutsche Bank die Banca d'America e d'Italia (BAI), die in Italien über ein Netz von mehr als 100 Filialen verfügt, erwarb 95% an der Banco Comercial Transatlantico in Spanien, die über mehr als 100 Niederlassungen verfügt und erhöhte die bereits bestehende Beteiligung an der de Bary Bank in den Niederlanden auf 100%. In Portugal gründete

---

105   Meffert (1986), S. 91
106   Der Begriff "Europa-Strategien" bezieht sich im folgenden auf den Bereich des EG-Binnenmarktes.
107   Vgl. Kopper (1990), S. 16
108   Vgl. Behrens/Müller (1990), S. 229

man Anfang 1990 die Deutsche Bank de Investimento, die die geschäftlichen Aktivitäten der MDM Sociedade de Investimento fortführt. Darüberhinaus erwarb man die Morgan Grenfell Gruppe für den Merchant-Banking Bereich. Außerdem unterhält die Deutsche Bank in verschiedenen Ländern eigene Filialen (Belgien, England, Frankreich, Niederlande), bei denen insbesondere der Investment Banking-Bereich ausgebaut wird.[109] In Luxemburg besitzt die Deutsche Bank eine 100%- ige Tochtergesellschaft (Deutsche Bank Luxembourg S.A.).

3.1.2. Die Europa-Strategie der Dresdner Bank

Die Europa-Strategie der Dresdner Bank basiert auf einer Kombination von Kauf, Kooperation und dem Aufbau eigener Filialen bzw. Repräsentanzen. Beispiele für den Kauf ausländischer Institute sind die Banque Veuve Morin-Pons, Lyon, die eine 100%- ige Tochtergesellschaft der Dresdner Bank ist und in ihren Filialen in Lyon, Paris, Nizza und Straßburg vor allen Dingen Firmenkunden betreut (französische Tochtergesellschaften deutscher Firmen, mittelständische französische Unternehmen und Unternehmen mit Deutschlandgeschäft) sowie die Thornton & Co. Ltd., eine internationale Asset-Management-Gruppe, an der das Institut 80,3% hält.[110] Eigene Filialen bzw. Repräsentanzen existieren in Athen, Lissabon, Rom, London, Madrid, Marbella, Mailand, Paris und Barcelona. In Luxemburg ist das Unternehmen durch die Dresdner Bank Luxembourg S.A. vertreten, deren Geschäftstätigkeit das internationale Kredit-und Konsortialgeschäft, den Geld-, Devisen-und Edelmetallhandel sowie das Wertpapiergeschäft umfaßt.[111]

Darüber hinaus entschloß sich die Dresdner Bank, eine Kooperation mit der Banque Nationale de Paris einzugehen, um sich in Europa stärker als bisher zu etablieren. Dieser Zusammenarbeit, die sich auf alle Bereiche des internationalen Geschäfts erstrecken soll, wird sehr viel Bedeutung

---

[109] Vgl. Geschäftsbericht der Deutschen Bank für das Jahr 1990, S. 7
[110] Vgl. Geschäftsbericht der Dresdner Bank für das Jahr 1990, S. 63f.
[111] Vgl. Geschäftsbericht der Dresdner Bank für das Jahr 1990, S. 64

beigemessen, wobei insbesondere auch gemeinsame Geschäftsstellen bzw. Filialen ins Auge gefaßt werden.[112]

3.1.3. Die Europa-Strategie der Commerzbank

Die Commerzbank hat sich im Rahmen der Europa-Strategie dazu entschieden, auf bestimmten Geschäftsfeldern und in bestimmten Regionen Schwerpunkte zu setzen. Des weiteren setzte man lange nahezu ausschließlich auf die Philosophie der Zusammenarbeit mit befreundeten Partnerbanken. Die wichtigsten Kooperationspartner hierbei waren Credit Lyonnais, Banco Hispano Americano und Banco di Roma. Um die Zusammenarbeit mit diesen Banken auch langfristig zu festigen, wurde eine wechselseitige Kapitalverflechtung mit der Banco Hispano Americano vereinbart, und ähnliches wurde mit den beiden übrigen Instituten angestrebt. Diese Kooperationsvereinbarungen wurden jedoch in jüngster Zeit aufgelöst, nicht zuletzt dadurch bedingt, daß die BfG Bank von dem Credit Lyonnais übernommen wurde.

Darüber hinaus unterhält die Commerzbank Filialen in den großen Zentren Europas (Barcelona, Brüssel, London, Madrid und Paris) und ist ebenfalls in Luxemburg mit einer eigenen Tochterbank vertreten.

Fazit:
Obige Analyse zeigt, daß trotz unterschiedlicher Strategien eine Gemeinsamkeit darin besteht, daß man auf den Aufbau eines eigenen flächendeckenden Filialnetzes und auf das Massengeschäft im Bereich der breiten Privatkundschaft verzichtet.[113] Ziel der Expansion nach Europa scheint neben der Ausweitung des Firmenkundengeschäfts (etwa Begleitung deutscher Unternehmen auf dem Weg in andere europäische Staaten)[114] vielmehr die Verbreiterung des Absatzmarktes für Finanztitel (Wertpapiere) zu sein.

---

112 Vgl. Geschäftsbericht der Dresdner Bank für das Jahr 1990, S. 32
113 Eine Ausnahme bildet hier lediglich die Deutsche Bank mit ihren Aktivitäten in Spanien und Italien.
114 Vgl. dazu Sarrazin (1987), S. 277ff.

Da in den neuen Bundesländern dafür zumindest kurz- und mittelfristig nur ein geringes Potential bestehen dürfte[115], können die Europa-Strategien kaum Anhaltspunkte für die Strategiefindung hinsichtlich der neuen Bundesländer bieten. Daher sollen im nächsten Abschnitt Strategiealternativen aus den Gegebenheiten des Marktes abgeleitet werden.

3.2. Strategiealternativen

Im folgenden sollen aus den unter 2 dargestellten Bedingungen des Bankenmarktes der fünf neuen Bundesländer strategische Optionen hinsichtlich

(1) der Vertriebsstrategie
(2) der Frage internes versus externes
      Wachstum und
(3) der Wahl des Markteintrittszeitpunktes

abgeleitet werden.

3.2.1. Alternative Vertriebsstrategien

Der Vertriebspolitik der Banken und den damit verbundenen Entscheidungen kommt - wegen der Fixkostenbindung und der schwierigen Revidierbarkeit von Filialnetzen - eine große strategische Bedeutung zu.[116] Dabei beziehen sich vertriebspolitische Entscheidungen auf folgende beiden Tatbestände:[117]

(1) die Wahl des Standortes
(2) die Wahl des Vertriebsweges bzw. des
      Vertriebssystems

---

[115] Vgl. 2.2.2.
[116] Vgl. Bernhardt (1986), S. 558f.
[117] Vgl. Süchting (1992), S. 457; vgl. auch Hagenmüller/Jacob (1988), S. 315

45

Mit dem erstgenannten Entscheidungstatbestand werden wir uns weiter unten im Rahmen der Analyse der Zweigstellennetze der Großbanken in Ostdeutschland beschäftigen, so daß wir im folgenden lediglich den zweiten Aspekt näher beleuchten wollen.

Im Rahmen der Wahl des Vertriebsweges muß zunächst entschieden werden, ob die Bankleistungen mittels der direkten oder der indirekten Distribution vertrieben werden sollen.[118] Da bei Bankdienstleistungen, wie bei den übrigen Dienstleistungen, die Handelbarkeit aufgrund ihrer Immaterialität und der bedingten Simultaneität von Produktion und Konsumtion sowie der aus diesen beiden Merkmalen folgenden mangelnden Lagerfähigkeit stark eingeschränkt ist,[119] ist der direkte Vertrieb die für Banken traditionell typische Vertriebsform.[120]

Während lange Zeit der Vertrieb über eigene Zweigstellen als typische Ausprägung des indirekten Vertriebs der Banken dominierte, werden in den letzten Jahren - bedingt durch den zunehmenden Kostendruck im Kreditgewerbe und begünstigt durch technische Innovationen - weitere Vertriebswegalternativen diskutiert und erprobt. Abbildung 9 gibt einen Überblick über mögliche Vertriebswege für Bankdienstleistungen.

Die Wahl eines bestimmten Vertriebsweges bzw. einer Kombination verschiedener Vertriebswege sollte nun maßgeblich von den angebotenen Dienstleistungen und den avisierten Zeilgruppen bestimmt werden.[121]

---

[118]   Vgl. zur Abgrenzung von indirekter und direkter Distribution Specht (1988), S. 35 ff.

[119]   Vgl. Müller/Klein (1993), S. 18

[120]   Vgl. Süchting (1992), S. 457; vgl. auch Starke (1987), S. 166 und Eilenberger (1982), S. 326. Ausnahmen hierzu finden sich z.B. im Rahmen von Allfinanzkonzepten, wenn etwa ein Versicherungsaußendienst die Produkte einer "befreundeten" Bank vetreibt (vgl. dazu Schulz, 1990). Allerdings wird in einem solchen Falle des indirekten Vertriebs von Dienstleistungen - im Unterschied zum Sachgüterbereich - nicht die Dienstleistung selbst gehandelt, sondern vielmehr ein Dienstleistungsversprechen bzw. -anrecht (vgl. dazu Hilke, 1989, S. 24 und Scheuch, 1982, S. 166).

[121]   Vgl. Bühler et al. (1990), S. 107

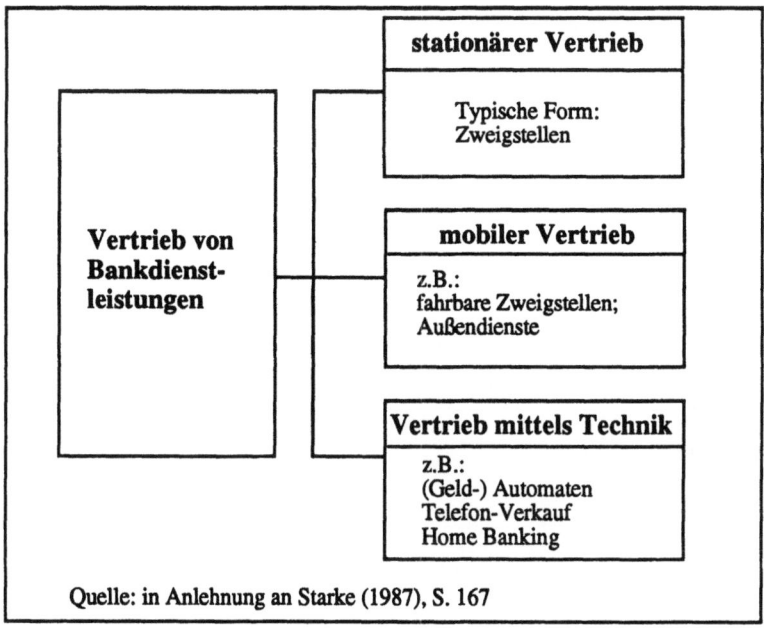

Quelle: in Anlehnung an Starke (1987), S. 167

Abbildung 9: Vertriebswege für Bankdienstleistungen

Aus dieser Überlegung läßt sich eine erste vertriebspolitische Option für den Bankenmarkt Ostdeutschlands ableiten: Sollte sich nämlich ein Kreditinstitut ausschließlich auf das Firmenkundengeschäft konzentrieren, so würde die Errichtung relativ weniger Bankstellen an solchen Standorten, die sich durch ein hohes Maß an wirtschaftlicher Aktivität (z.B. gemessen an der Zahl der ortsansässigen Unternehmen oder der Höhe des Bruttosozialproduktes pro Kopf) auszeichnen, genügen, da die Filialnetzdichte für Unternehmen nur eine untergeordnete Bedeutung als Kriterium der Wahl einer Bankverbindung hat.[122]

---

122 Vgl. Rottländer (1985), S. 16. Eine Vielzahl von Zweigstellen ist allenfalls für räumlich dezentralisierte Unternehmen von Bedeutung, deren Niederlassungen bzw. Filialen lokale Bankverbindungen eingehen sollen (vgl. dazu Arbeitskreis "Finanzierung" der Schmalenbach-Gesellschaft, 1988, S. 743)

Da jedoch die Analyse des Marktes der ehemaligen DDR zeigt, daß Wachstumschancen für westdeutsche Institute auch im Privatkundengeschäft bestehen und davon auszugehen ist, daß die westdeutschen Großbanken auch in der ehemaligen DDR als Universalbanken tätig werden und somit auch die Privatkunden gewinnen wollten, so scheint die Errichtung eines Filial-bzw. Zweigstellennetzes eine notwendige Voraussetzung zu sein, zumal die Beziehung und der persönliche Kontakt zwischen den Bankangestellten und den relativ "unsicheren"[123] Kunden in den neuen Bundesländern ein wesentliches Kriterium bei der Wahl eines Kreditinstitutes darstellt. Der Funktion des Bankangestellten als "zentraler Präferenzträger"[124] eines Kreditinstituts kommt bei der Akquisition von Kunden in den neuen Bundesländern besondere Bedeutung zu.

Dies bedeutet jedoch nicht, daß das Filial-bzw. Zweigstellennetz in den neuen Bundesländern notwendigerweise ähnlich dicht wie in den alten konstruiert werden müßte oder daß man es als den einzig möglichen Vertriebskanal ansieht. Der *ausschließliche Aufbau eines flächendeckenden Filial-und Zweigstellennetzes* analog der Strategie in den alten Bundesländern stellt nur eine mögliche Option dar. Gerade für das Gebiet der ehemaligen DDR hätten sich m.E. zwei weitere (in sich kompatible[125]) Alternativen angeboten, da man hier die Vertriebsorganisation ganz neu aufbauen konnte bzw. mußte und man somit keiner Strategiebeschränkung, etwa aufgrund von bereits getätigten Investitionen, unterlag.

Die erste Alternative besteht in der *Kombination von Zweigstellennetz und Außendienst*. Dabei muß das Zweigstellennetz weniger dicht als bei der obigen Option sein, da man durch den Außendienst auch Kunden, in deren unmittelbarer Nähe man keine Zweigstellen unterhält, ansprechen und gewinnen kann. Somit entstehen von vornherein weniger Anlaufkosten (Filialgebäude etc.). Weiterhin spricht für diese Option, daß die Bürger der neuen Bundesländer einen

---

123 Vgl. hierzu 2.2.2.
124 Süchting (1987), S. 25
125 Vgl. zur Kompatibilität der Vertriebswegoptionen Bernhardt (1986), S. 559

Außendienst nicht ablehnen und durchaus die Vorteile dieses Vertriebsweges für die Kunden (z.B. größere Diskretion, höhere Flexibilität bei der Terminfestsetzung) erkennen.[126]

Weitere Vorteile des Außendienstes sind:[127]

(1)   *Die Außendienst-Mitarbeiter sind nahe am Kunden. Die Kundennähe - durchaus auch im räumlichen Sinne zu verstehen - gilt als einer der zentralen Erfolgsfaktoren.[128]*

(2)   *Durch den Außendienst hat das Institut die Chance, früher den Kundenkontakt aufzunehmen, da er nicht wartet, bis der Kunde in die Zweigstelle kommt, sondern aktiv auf ihn zugeht ("Chance des ersten Zugriffs").*

(3)   *Der Außendienst ermöglicht den Aufbau persönlicher Kontakte, die unter Umständen noch intensiver sein können als die zwischen dem Bankangestellten in der Zweigstelle und den Kunden. Insofern bleibt die Präferenzträger-Funktion der Bankmitarbeiter bestehen.*

Dennoch sind auch dem Außendienst-Einsatz gewisse Grenzen gesetzt[129], und ein nicht integres Auftreten der Außendienst-Mitarbeiter kann zu schweren Image-Problemen für das Institut führen, gerade auch in den neuen Bundesländern, wo die Angst der Bevölkerung vor unseriösen Finanzdienstleistern sicherlich sehr groß ist.

Die zweite Alternative besteht darin, die Abwicklung von Routineleistungen mittels Automaten zu gewährleisten und gleichzeitig die Filial- bzw. Zweigstellen als echte Beratungszentren zu konzipieren Dadurch sind weniger Zweigstellen erforderlich, da in jeder einzelnen

---

126   Vgl. Infratest (1990), S.49
127   Vgl. Badde (1988), S. 18ff.
128   Vgl. z.B. Peters/Waterman (1984); Albers/Eggert (1988) und Simon (1991) und speziell für Banken Schneider (1987)
129   Vgl. zu den Grenzen im einzelnen Badde (1988), S.20f.

Bankstelle weniger Personalkapazität durch Routineleistungen gebunden wird und somit mehr Beratungsleistungen angeboten werden können. Zudem ergäben sich für die Banken Kostenersparnisse durch die EDV-gestützte Abwicklung der Routinegeschäfte. Für ein solches Konzept sprechen des weiteren folgende Überlegungen:

(1)   Die Bürger der ehemaligen DDR kennen schon
       Geldautomaten aus der Zeit vor der Wende, sie sind also
       damit vertraut und möchten solche Einrichtungen gerne
       häufiger nutzen.[130]

(2)   Dadurch, daß die Zweigstellen vorwiegend der
       persönlichen Beratung der Kunden dienen, könnte man
       gegenüber Konkurrenzinstituten einen Wettbewerbsvorteil
       erzielen, da man der Beratung der Kunden mehr Zeit
       widmen kann.

(3)   Diese Strategie eröffnet die Möglichkeit, sich als
       "Technologieführer" zu positionieren.

Die gleichen Grundüberlegungen und Vorteile der zuletzt geschilderten Alternative treffen auch auf eine dritte Option zu, nämlich die Kombination zweier Arten von Bankstellen. Zum einen Bankstellen, in denen standardisierte Produkte mit geringer Komplexität und geringer Erklärungsbedürftigkeit angeboten und die in einem hohen Maß technisiert sind (insbesondere durch Kundenselbstbedienungsautomaten[131]), und zum anderen Zweigstellen, in denen komplexe, stark erklärungsbedürftige Produkte angeboten werden und den Produkten entsprechende Betreuungs- und Beratungskapazitäten vorgehalten werden ("Beratunsgzentren"). Da bei standardisierten Dienstleistungen die Entfernung, die bis zur Bankstelle zu überwinden ist, und die damit verbundenen Transaktionskosten (z.B. Zeitkosten) ein entscheidendes

---

130   Vgl. Infratest (1990), S. 32
131   Vgl. dazu Starke (1982), S. 57f. im Hinblick auf das Spektrum möglicher
       Selbstbedienungsleistungen und Bernhardt/Dambmann (1979), S. 16ff.
       hinsichtlich der verschiedenen Arten von kundenbedienten Bankterminals.

Kriterium bei der Wahl des Kreditinstituts sein dürfte, muß für die erste Gruppe von Bankstellen ein relativ dichtes Netz aufgebaut werden. Für die Beratungszentren hingegen gilt, daß der Nähe der Bankstelle als Kaufentscheidungskriterium eine geringere Bedeutung zukommt, da der Nutzen einer intensiven und qualifizierten Beratung die Transaktionskosten (z.B. Fahrtkosten zu der Zweigstelle) übersteigen dürfte. Daher muß das Netz der Beratungszentren wesentlich weniger eng geknüpft sein als beim erstgenannten Bankstellentypus.

Obwohl die drei letztgenannten Optionen aus analytischen Gründen getrennt aufgeführt wurden, sind sie dennoch kompatibel, und ihre Kombination erscheint nicht nur möglich, sondern auch sinnvoll.

3.2.2. Internes versus externes Wachstum

Wie oben erläutert, bietet der Markt in den neuen Bundesländern den westdeutschen Instituten Wachstumchancen und Expansionsmöglichkeiten. Zur Realisierung des Expansionzieles kann sich eine Unternehmung nach Röpke generell zweier Substrategien bedienen, nämlich der des internen oder der des externen Wachstums.[132] Das externe Wachstum umfaßt dabei ein breites Spektrum von Möglichkeiten und reicht von der Kooperation über verschiedene Stufen der Beteiligung und des Aufkaufs von anderen Unternehmungen bis zur Fusion, während internes Wachstum auf einer Steigerung des Fähigkeitsniveaus der jeweiligen Unternehmung basiert. Voraussetzung für internes Wachstum einer Unternehmung ist also, daß sie über die notwendige psychische und organisatorische Kompetenz verfügt.[133]

Aus diesen Überlegungen leitet Röpke einen Zusammenhang zwischen Unternehmensstrategie und Fähigkeitsniveau ab und kommt zu dem Schluß, daß "inkompetente Unternehmen (...) extern wachsen müssen, um zu überleben, kompetente Systeme müssen es nicht"[134].

---

[132] Vgl. Röpke (1977), S. 378
[133] Vgl. Röpke (1977), S. 379
[134] Röpke (1977), S. 322

Um die Vorteilhaftigkeit von internem Wachstum gegenüber externem Wachstum für die einzelne Unternehmung zu belegen, führt Röpke verschiedene empirische Untersuchungen an, die zeigen, daß im bezug auf wichtige Kennziffern (z.B. Entwicklung des Aktienkurses, Umsatzrentabilität, Gewinnwachstum) internes Wachstum externem überlegen ist. Neben diesen Fakten beurteilt Röpke externes Wachstum vor allen Dingen deshalb kritisch, da es "tendenziell den Wettbewerb in seiner Funktion der Entdeckung und Auswahl der Fähigsten und der Eliminierung der unfähigen Unternehmen (beseitigt)"[135]

Alle diese Überlegungen machen deutlich, daß zunächst einmal für die DDR-Strategie eine Wahlmöglichkeit zwischen externem und internem Wachstum besteht. Externes Wachstum bedeutet etwa den Kauf einer Bank der ehemaligen DDR bzw. die Beteiligung an oder die Kooperation mit einem solchen Institut, wodurch man über deren Filialnetz "verfügen" kann, während internes Wachstum im Aufbau einer eigenen Vertriebsorganisation besteht. Neben den von Röpke vorgetragenen Nachteilen des externen Wachstum sind bei dieser Entscheidung noch weitere Stärken bzw. Schwächen der jeweiligen Strategie zu berücksichtigen, die näher unter 5.1. untersucht werden.

3.2.3. Markteintrittsstrategie

Die Planung und Realisation des Markteintrittszeitpunktes ("Timing") gilt als Schlüsselentscheidung bzw. als strategischer Schlüsselfaktor.[136] In der Literatur finden sich zwei grundlegende Gruppen zur Systematisierung der Timing-Strategien, nämlich technologieorientierte und marketingorientierte Ansätze.[137] Da wir bereits weiter oben festgestellt haben, daß es bei der Erschließung des Bankenmarktes in den neuen Bundesländern nicht darum geht, neue Produkte zu entwickeln, ist die Aussagekraft der technologieorientierten Ansätze für unser Untersuchungsziel stark eingeschränkt, so daß wir uns im folgenden auf

---

135   Röpke (1977), S. 381
136   Vgl. Remmerbach (1988), S. 25ff.
137   Vgl. Remmerbach (1988), S. 40ff.

Untersuchungsziel stark eingeschränkt, so daß wir uns im folgenden auf die marketingorientierten Systematisierungsversuche konzentrieren.

Einen ersten Ansatz im Rahmen der marketingorientierten Systematisierungsansätze von Timing-Strategien bietet *Beuttel*, der zwei mögliche Markteintrittsstrategien, nämlich die des "first movers" und die des "followers" unterscheidet, wobei die first mover Strategie im wesentlichen darin besteht, möglichst schnell den Markt zu erschließen bzw. aufzubauen (Investition in den Markt), während der follower sich am Konzept eines anderen Unternehmens, dessen Marktchancen erkannt wurden, orientiert, indem er versucht, als Imitator an den erkannten Chancen zu partizipieren.[138] Der follower wird also erst nach der ersten Phase des Markteintritts durch den "First-mover" als Wettbewerber auftreten.[139]

Während Beuttel von lediglich zwei zeitlichen Strategiealternativen ausgeht, unterscheiden *Robinson/Fornell* drei Gruppen von Unternehmen:[140]

(1)   Pionier-Unternehmen, die in Anlehnung an Schmalensee als solche Unternehmen definiert sind, die als erste in einen Markt eintreten.[141]

(2)   "Early Followers"

(3)   "Late Followers"

Die Abgrenzung der verschiedenen Strategietypen wird anhand des Kriteriums "Lebenszyklusphase" vorgenommen.

---

138   Vgl. Beuttel (1986), S. 310f.
139   Vgl. Beuttel (1986), S. 312
140   Vgl. Robinson/Fornell (1985), S. 306. Eine identische Klassifikation nimmt Schnarrs vor (vgl. Schnarrs, 1986).
141   Vgl. Schmalensee (1982)

Remmerbach kommt in seiner Analyse der verschiedenen Systematisierung zu dem Schluß, daß eine lediglich dichotome Typologisierung der Markteintrittsstrategien, wie sie etwa von Beuttel vorgeschlagen wird, der Komplexität der Entscheidungssituation nicht ausreichend Rechnung trägt, sondern daß eine dreifache Klassifizierung, wie im Ansatz von Robinson/Fornell, vonnöten ist, um eine der Situation junger Märkte entsprechende, differenzierte Betrachtung zu ermöglichen.[142]

Auf der Basis dieser Überlegung beschreibt dann der Autor anhand der beiden Indikatoren "Lebenzyklusphase des Eintrittsmarktes" und "Strategieschwerpunkt zum Zeitpunkt des Markteintritts" die drei Strategietypen. Folgende Punkte sind dabei von besonderer Bedeutung:[143]

(1)   Der Pionier und der frühe Folger treten in der
Einführungs- bzw. Enstehungsphase eines Marktes
ein, während der späte Folger frühestens in der
Wachstumsphase eintritt.

(2)   Der stragegische Schwerpunkt des Pioniers liegt zum
Eintrittszeitpunkt in der abnehmerorientierten
Markterschließung, während beim frühen und
besonders beim späten Folger die
Wettbewerbsorientierung dominiert.

Überträgt man diese Ergebnisse auf die Frage nach den strategischen Optionen der Banken hinsichtlich der Timing-Strategie in den fünf neuen Bundesländern, so ergeben sich folgende Alternativen:

(1)   Das Vorgehen als Pionier-Unternehmen, was einen
Markteintritt zum frühest möglichen Zeitpunkt (also
ab dem 1. Juli 1990) bedeutete, verbunden mit dem
relativ zügigen Aufbau großer Kapazitäten (z.B. in

---

[142]   Vgl. Remmerbach (1988), S. 50
[143]   Vgl. Remmerbach (1988), S. 51 ff.

Form eines flächendeckenden Zweigstellennetzes)
und einer strikten Kundenorientierung.

(2)   Der Eintritt als früher Folger noch vor Beginn der
Wachstumsphase, aber bereits mit starker
Orientierung und Berücksichtigung des Pioniers.

(3)   Der Eintritt zu Beginn der Wachstumsphase als
später Folger mit dem strategischen Schwerpunkt
Wettbewerbsorientierung. Da - wie unter 2
dargelegt - die Wachstumsphase in vielen
Geschäftsbereichen (z.B. Wertpapiergeschäft) erst
mit einer grundlegenden Verbesserung der
makroökonomischen Situation zu erwarten ist,
impliziert diese Strategie, daß ein bedeutender
Kapazitätsaufbau erst bei einem ökonomischen
Aufschwung in Ostdeutschland vorgenommen
wird.

Die Wettbewerbsorientierung im Falle der Strategien des frühen und
späten Folger bedeuten etwa, daß die Strategie vor allem auf die
Erzielung von Wettbewerbsvorteilen ausgerichtet ist, so wie etwa die
Bayerische Hypotheken- und Wechselbank, die mit der H.S.B. durchaus
als früher Folger der Großbanken gesehen werden kann, versucht, durch
diese Tochtergesellschaft für das breite Privatkundengeschäft
Kostenvorteile gegenüber anderen Instituten zu erzielen.[144]

---

[144]   Daß durch dieses Vorgehen auch Wettbewerbsvorteile etwa hinsichtlich der
Beratungsqualität erzielt werden können, wurde bereits unter 2.2.3.
dargestellt.

Von entscheidender Bedeutung für den relativen Erfolg der drei Timing-Optionen ist die Entwicklung der Bankloyalität[145] in den neuen Bundesländern. Falls sich nämlich relativ schnell eine hohe Bankloyalität entwickelt,[146] wobei "schnell" in Analogie zu empirischen Ergebnissen im Privatkundengeschäft in Westdeutschland etwa 1,8 Jahre, nach denen signifikant weniger gewechselt wird, bedeutet[147], so scheint die Pionier-Strategie interessant. In diesem Falle nämlich wäre es sehr wichtig, möglichst früh viele Kunden zu gewinnen und die Position des Marktführers anzustreben.

Allerdings erfordert diese Strategie hohe Anfangsinvestitionen, und Gewinne dürften sich erst später einstellen. Des weiteren ist sie aufgrund der hohen Anfangsinvestitionen auch riskant und kann nur von Unternehmen mit großen finanziellen Ressourcen durchgeführt werden. Die Follower-Strategien verlangen nicht solche hohen Anfangsinvestitionen, bergen aber die Gefahr in sich, daß man etwa aufgrund sich schnell entwickelnder Bankloyalität darauf angewiesen sein würde, Kunden mit enormen Anstrengungen von Konkurrenzinstituten abzuwerben.

---

[145] Unter Bankloyalität versteht man das durch die Aufbauorganisation und das absatzpolitische Instrumentarium einer Bank geförderte Verhalten der Kunden, wiederholt Leistungen von einem Kreditinstitut nachzufragen. Diese Bankloyalität führt zu einem monopolistischen Bereich auf der Preis-Absatzkurve der Bank, innerhalb dessen Preise variiert werden können, ohne daß es zu Kundenabwanderungen kommt (vgl. dazu insbesondere Süchting, 1987, S. 28ff. und zum monopolistischen Bereich einer Preis-Absatzfunktion Gutenberg, 1984, S. 243ff.).
Im Zusammenhang mit der Corporate-Banking-Diskussion wird der Begriff der Bankloyalität in erweiterter Form gebraucht. Von Bankloyalität eines Unternehmens wird dann gesprochen, "wenn es eine Versicherungsprämie dergestalt zahlt, daß Leistungen nachgefragr werden, obwohl sie transaktionskostengünstiger durch Corporate Banking selbst erstellbar sind." (Jacob, 1993, S. 11).

[146] Hierbei muß unterstellt werden, daß die Kunden in den neuen Ländern nach der Wirtschafts- und Währungsunion grundsätzlich einen "neuen" Entscheidungsprozeß hinsichtlich ihrer Bankverbindung eingehen, da sie ja bereits noch über Bankverbindungen aus der ehemaligen DDR verfügen und somit kein "freies" Marktpotential darstellen.

[147] Vgl. Witt (1986), S. 21

4. GEWÄHLTE STRATEGIEN

Im folgenden werden die von den drei Großbanken gewählten Strategien in den neuen Bundesländern beschrieben, wobei die Vertriebsstrategien, die Personalstrategien sowie die Strategien hinsichtlich des Leistungsangebots betrachtet werden. Des weiteren werden die Ziele, die mit Hilfe der Strategien erreicht werden sollen, dargelegt.

4.1. Strategie und Ziele der Deutschen Bank

Die Deutsche Bank war bereits vor dem 1. Juli 1990 mit 10 Büros (April 1990) in fast allen größeren Städten der DDR vertreten. Schon diese Tatsache macht deutlich, daß man bei der Deutschen Bank davon ausging, daß ein großflächiger und schneller Start in den neuen Bundesländern erhebliche Wachstumschancen bietet.[148] Daher entschloß man sich, möglichst schnell ein *flächendeckendes Filialnetz* aufzubauen und gründete dazu mit der aus der Staatsbank hervorgegangenen Deutschen Kreditbank AG zunächst ein Joint-venture[149] (Deutsche Bank-Kreditbank AG), in das die Deutsche Kreditbank 122 Filialen und rund 8300 Mitarbeiter einbrachte. Die anfängliche Beteiligung der Deutschen Bank an dem Gemeinschaftsunternehmen (49%) wurde im Herbst 1990 auf rund 85% aufgestockt, bevor das Institut im Dezember 1990, nachdem auch noch die restlichen Anteile erworben worden waren, rückwirkend zum 1.7.1990 auf die Deutsche Bank AG verschmolzen wurde.[150]

Dieses *externe Wachstum* durch Zukauf ermöglichte der Deutschen Bank, relativ frühzeitig mit einem großen Filialnetz in den neuen Bundesländern tätig zu werden. Ergänzt wurde diese Strategie durch den Aufbau von eigenen Filialen; am 1. Juli 1990 gab es 18 selbst errichtete Filialen (6 davon in Ost-Berlin), Ende November 1990 bereits 34. Ende 1992 war die Deutsche Bank bereits mit rund 230 Bankstellen in den

---

148 Vgl. Krupp (1990), S. 6
149 Vgl. zum Begriff "Joint-Venture" bzw. Unternehmenskooperation Grochla (1980), Sp. 1112
150 Vgl. Kopper (1991), S. 19f.

neuen Ländern vertreten, wobei die organisatorische Führung durch die beiden Hauptfilialbezirke Berlin und Leipzig wahrgenommen wird.

Der Aufbau des Filialnetzes machte sehr *hohe finanzielle Investitionen* notwendig; diese beliefen sich bereits vor dem 1. Juli 1990 auf 1/4 Mrd. DM[151], wobei sich die Summe in der Folgezeit aufgrund der Gründung weiterer Filialen und der Modernisierung bereits existierender Filialgebäude weiter erhöhte.

Hinsichtlich der *Personalstrategie* ergaben sich gewisse Beschränkungen der Strategiewahlmöglichkeiten aus der Tatsache, daß von der Deutschen Kreditbank AG 8300 Mitarbeiter (davon 80% Frauen) übernommen werden mußten. Zwar brachten diese Mitarbeiter gewisse lokale Kenntnisse und Verbindungen mit, waren jedoch nicht für einen Bankbetrieb westlicher Prägung qualifiziert, da das Anforderungsprofil eines Bankmitarbeiters im ehemaligen DDR-Bankensystem sich wesentlich von dem in den alten Bundesländern unterschied[152]. Für diese Mitarbeiter wurden verschiedene Qualifizierungsmaßnahmen bereitgestellt; rund 800 von ihnen absolvierten mehrwöchige Aufenthalte in westdeutschen Filialen, 6000 besuchten Seminare.[153] Rund 1000 westliche Mitarbeiter wurden zum Aufbau der östlichen Filialen in die neuen Bundesländer entsandt, wodurch zum Know-how-Transfer beigetragen werden sollte.

Die *Zielgruppen* der Deutschen Bank sind "gleichermaßen die 16 Millionen Bürger der DDR als Privatkunden, die Selbständigen, die Kleingewerbetreibenden und der breite Mittelstand sowie schließlich die großen Betriebe, die bisher die Szene in der DDR beherrscht haben"[154].

Das *Leistungsangebot* für diese Zielgruppen ist im wesentlichen sowohl hinsichtlich der Sortimentstiefe als auch der Sortimentsbreite[155]

---

151 Vgl. Krupp (1990), S.5f.
152 Vgl. 2.1.
153 Vgl. Geschäftsbericht der Deutschen Bank für das Jahr 1990, S.87
154 Krupp (1990), S.6
155 Zu den Begriffen Sortimentstiefe bzw.-breite vgl. Schierenbeck (1985), S.175ff.

mit dem in den alten Bundesländern identisch und schließt auch alle Produkte und Dienstleistungen im Rahmen des Allfinanzkonzeptes (Bausparverträge, Versicherungen etc.) ein. Die Deutsche Bank wird also als typische Universalbank in den neuen Bundesländern tätig sein.

Ziel des Instituts ist es, in den neuen Bundesländern "von vornherein höhere regionale Marktanteile"[156] als in den alten Bundesländern zu gewinnen; dabei soll im Privatkundengeschäft ein Marktanteil von 10% realisiert werden.[157]

4.2. Strategie und Ziele der Dresdner Bank

Der Vorstand der Dresdner Bank verabschiedete bereits sehr früh, nämlich im Dezember 1989, ein Strategiekonzept für die neuen Bundesländer, das darauf ausgerichtet war, möglichst schnell den Markt in den neuen Bundesländern zu erschließen und zu durchdringen. Dabei wurden folgende wesentliche Kernelemente der Strategie festgelegt:[158]

(1)   *Nutzung des Image-Vorsprungs als* **Dresdner** **Bank**[159]

(2)   *Aufbau eines flächendeckenden Filialnetzes durch eigene Filialen bzw. mit einem Partner*

(3)   *Gleiches Leistungsangebot und gleiche Zielgruppen wie in den alten Bundesländern*

---

[156]   Kopper (1991), S.26
[157]   Vgl. o.V. (1990 c), o.S.
[158]   Vgl. Dresdner Bank (1991), S.1
[159]   Das Gebiet der ehemaligen DDR war historisch gesehen das "Stammland" der Dresdner Bank im Gegensatz etwa zur Deutschen Bank, für das das Ruhrgebiet das "Stammland" war, ein Faktor, der die Entwicklung der Deutschen Bank zum Marktführer nach dem zweiten Weltkrieg sicherlich erleichterte. Die Dresdner Bank verlor mehr als 160 Filialen im östlichen Teil Deutschlands nach dem zweiten Weltkrieg. (Vgl. dazu auch Amberger, 1992, S. 282).

*(4)   Nutzung der Marktposition in den neuen
        Bundesländern als Sprungbrett für die übrigen
        COMECON-Staaten*

In der Folgezeit bis zum Beginn des operativen Geschäfts versuchte man, die Strategieumsetzung vor allem durch intensive **Öffentlichkeitsarbeit und Werbung** vorzubereiten. In diesem Rahmen wurden Telefonaktionen und Seminare veranstaltet, Direct-mailing Aktionen durchgeführt, Lehrstühle an Universitäten gestiftet, eine TV-Ratgeber-Sendung ("Grünes Licht") gesponsort und fachlich betreut, Stiftungen ins Leben gerufen ("Kulturstiftung Dresden") und intensive Pressearbeit betrieben.[160]

Darüber hinaus eröffnete die Dresdner Bank als erstes westdeutsches Kreditinstitut bereits am 2.1.1990 ein Büro in der damaligen DDR (Dresden), das noch im Januar 1990 durch weitere Büros in Leipzig, Ost-Berlin, Rostock, Magdeburg, Erfurt und Chemnitz ergänzt wurde.

Diese Aktivitäten dienten einerseits dazu, Kontakte zu den potentiellen Kunden in den neuen Bundesländern herzustellen und den Bekanntheitsgrad der Bank zu erhöhen, andererseits aber auch, Informationen über die Verhaltensweisen und Einstellungen der Bevölkerung zu gewinnen. Der Start des operativen Geschäftes sollte so optimal vorbereitet werden. Einen ersten Erfolg dieser Maßnahmen zeigte eine Infratest-Umfrage im März 1990, die für die Dresdner Bank einen Bekanntheitsgrad von 93% ermittelte versus jeweils 77% für die Deutsche Bank und die Commerzbank.[161]

Während dieser Zeit kam es auch zu einer konkreteren Ausgestaltung der *Vertriebsstrategie*. Ähnlich wie die Deutsche Bank sollte über ein flächendeckendes Filialnetz als Haupt-Vertriebskanal der Absatz der Produkte und Dienstleistungen des Instituts erfolgen. Dabei setzte man insofern auf eine **Doppelstrategie**, als man zum einen ein Joint-venture

---

160   Eine detaillierte Darstellung aller Aktivitäten in diesem Zusammenhang findet
       sich bei Stöcklein (1991), S. 7ff.
161   Vgl. Dresdner Bank (1991), S.2

(Dresdner Bank Kreditbank AG) mit der Deutschen Kreditbank einging[162], in das letztere 72 Geschäftsstellen und 3.500 Mitarbeiter einbrachte, zum anderen von Anfang an den Aufbau eigener Zweigstellen betrieb. Am 1. Juli 1990 nahm die Dresdner Bank in insgesamt 107 Bankstellen das operative Geschäft auf[163], davon 35 eigene, also 17 Bankstellen mehr als die Deutsche Bank. Bis zum Mai 1991 wurde das Bankstellennetz auf 129 Einheiten ausgebaut, und bis Ende 1992 belief sich die Zahl auf rund 180, gesteuert über die drei Niederlassungsbereiche Berlin, Leipzig und Dresden. Zudem gelangt in den neuen Bundesländern der Außendienst als Vertriebsinstrument zum Einsatz.

Hinsichtlich der *Personalstrategie*[164] ergab sich eine ähnliche Situation wie bei der Deutschen Bank. Man versuchte die 3500 von der Deutschen Kreditbank AG übernommenen Mitarbeiter durch Seminare, training-on-the-job und Aufenthalte in westdeutschen Filialen möglichst schnell für das Bankgeschäft zu qualifizieren. Außerdem wurden rund 1200 Mitarbeiter aus den alten Bundesländern in die ehemalige DDR entsandt, die den Aufbau des dortigen Filialnetzes unterstützen sollten und gleichzeitig mit für den Know-how-Transfer (für die übernommenen Mitarbeiter) zuständig waren.

Das *Leistungsprogramm* der Dresdner Bank in den neuen Bundesländern entspricht im wesentlichen dem in den alten Ländern. Nachdem auch die Tochtergesellschaften der Dresdner Bank (Dresdner Bauspar AG, Leasing-Gesellschaften, Dr. Lübke Immobilien Gesellschaft mbH etc.) hier tätig sind, sind alle Allfinanz-Produkte im Angebot des Instituts eingeschlossen.

Die *Zielgruppen* der Dresdner Bank sind neben den Privatkunden vor allen Dingen mittelständische Unternehmen; aber auch die Gewinnung

---

162 Die Dresdner Bank Kreditbank AG wurde Anfang1991 auf die Dresdner Bank AG verschmolzen.
163 Vgl. Dresdner Bank (1991), S.3
164 Die Ausführungen zu diesem Punkt lehnen sich im wesentlich an den Geschäftsbericht der Dresdner Bank für das Jahr 1990, S. 43f. an.

von Großkunden wird angestrebt, zumal hier über die Dresdner Bank Kreditbank noch Verbindungen aus den ehemaligen DDR-Zeiten bestehen. Insofern unterscheidet sich die Zielgruppendefinition dieses Instituts nicht wesentlich von der der Deutschen Bank, es werden in für eine Universalbank typischer Weise prinzipiell alle potentiellen Kundengruppen als Zielgruppen definiert.

Ziel der Dresdner Bank ist es, in den neuen Bundesländern einen höheren Marktanteil als in den alten Bundesländern zu erzielen.[165]

4.3. Strategie und Ziele der Commerzbank

Auch bei der Commerzbank bildet der Aufbau eines flächendeckenden Filialnetzes den Schwerpunkt der Vertriebsstrategie. Allerdings verzichtete man dabei von vornherein auf die Übernahme bereits bestehender Bankstellen von Kooperationspartnern, sondern setzte auf die Gründung von neuen eigenen Filialen (internes Wachstum), nicht zuletzt, um die eigene Unternehmenskultur auch in den neuen Bundesländern demonstrieren und verwirklichen zu können.

Da man dennoch von Beginn an an möglichst vielen Orten präsent sein wollte, behalf man sich in der Anfangsphase mit mobilen Geschäftsstellen. Diese wurden sukzessive in stationäre Bankstellen umgewandelt und durch zusätzliche Filialen ergänzt; so verfügte man bis Mitte 1991 über ein Netz von 51 Einheiten, bis Ende 1992 belief sich die Zahl auf etwa 100 , die über drei Gebietsfilialen gesteuert werden. Die insgesamt geplanten Investitionen belaufen sich auf 130-150 Millionen DM.[166]

In der *Personalstrategie*[167] hat man sich das Ziel gesetzt, mittelfristig den Personalbedarf überwiegend durch Mitarbeiter aus der ehemaligen DDR zu decken, dennoch setzte man in der Aufbauphase etwa 600 Mitarbeiter aus den alten Bundesländern ein, um von Anfang einen Service nach westdeutschem Standard bieten zu können. Für 1991

---

165 Vgl. Dresdner Bank (1991), S. 1
166 Vgl. o.V. (1990 d), o.S.
167 Die Ausführungen zu diesem Punkt basieren im wesentlichen auf dem Geschäftsbericht der Commerzbank für 1990, S. 42f.

rechnete man mit einem Bedarf von etwa 600 weiteren Mitarbeitern, die überwiegend aus den neuen Bundesländern rekrutiert wurden. Dabei konnte der Einstieg entweder direkt im Rahmen des sogenannten Sofortprogramms, das Einführungsseminare und training on the job in einer westdeutschen Filiale vorsieht, oder über ein Trainee-Programm oder schließlich über die klassische Ausbildung zum Bankkaufmann (in einer westdeutschen Filiale) erfolgen.

Hinsichtlich der in den neuen Bundesländern angebotenen *Leistungspalette* und der avisierten *Zielgruppen* unterscheidet sich die Commerzbank kaum von den beiden anderen Großbanken. Das Leistungsangebot umfaßt alle aus den alten Bundesländern bekannten Bankprodukte einschließlich der Allfinanz-Leistungen, und die Zielgruppendefinition der Commerzbank ist ähnlich breit wie die der Deutschen bzw. Dresdner Bank.

Langfristig will die Commerzbank in den neuen Ländern einen doppelt so hohen Gesamtmarktanteil wie in der übrigen Bundesrepublik (Marktanteil: 2%) erzielen, was in etwa der Position der Bank in dieser Region vor dem zweiten Weltkrieg entsprechen würde.[168]

Fazit:
Obige Analyse zeigt, daß sich die Strategien der drei Großbanken nur im Bereich des Vertriebs grundlegend unterscheiden.

Obwohl alle drei auf den möglichst schnellen Aufbau eines flächendeckenden Filialnetzes setzen, ergeben sich gewisse Unterschiede aus der Tatsache, daß die Deutsche und die Dresdner Bank dazu auf eine Kombination aus internem (eigene Filialen) und externem Wachstum (Übernahme von Filialen der Kreditbank) zurückgreifen[169], während die

---

[168] Vgl. o.V. (1990 e), o.S.
[169] Ein Unterschied zwischen dem Vorgehen der Deutschen und der Dresdner Bank ist darüber hinaus darin zu sehen, daß die Dresdner Bank von Anfang an auf diese Doppelstrategie setzte, während die Deutsche Bank zunächst hauptsächlich mit den übernommenen Filialen operierte, bevor sie den Aufbau eigener Zweigstellen intensivierte.

Commerzbank ausschließlich internes Wachstum betreibt ("going-alone-Strategie"). Dies bedingt auch, daß der Aufbau des Filialnetzes bei der Commerzbank wesentlich langsamer erfolgt als bei den beiden anderen Instituten, so daß man sie als frühen Folger einordnen kann, während die Deutsche und die Dresdner Bank eher eine Pionier-Strategie verfolgen.

Die Divergenzen in der Personalstrategie ergeben sich quasi unmittelbar aus den unterschiedlichen Strategien beim Aufbau des Filialnetzes. Daher werden bei der in den nächsten Abschnitten folgenden Beurteilung der Strategien die unterschiedlichen Konzepte des Netzaufbaus im Vordergrund der Betrachtung stehen.

5. BEWERTUNG DER STRATEGIEN

5.1. Analyse der Vor-und Nachteile der gewählten Strategien

Im folgenden Abschnitt wird zunächst eine rein qualitative Analyse der Stärken bzw. Schwächen der gewählten Strategien vorgenommen. Dabei wird zwischen der Strategie der Deutschen und der Dresdner Bank auf der einen Seite und derjenigen der Commerzbank auf der anderen Seite unterschieden, da die beiden erstgenannten Institute - wie unter 4. dargelegt - eine Doppelstrategie verfolgen, während sich die Commerzbank ausschließlich auf internes Wachstum konzentriert.

5.1.1. Vor-und Nachteile der Doppelstrategie

Diese Strategie bietet folgende wesentlichen **Vorteile**:

(1)   Durch die Übernahme von Bankstellen und Mitarbeitern der Deutschen Kreditbank AG konnten die Deutsche und Dresdner Bank von Anfang an mit einem relativ großen Zweigstellennetz in den neuen Bundesländern präsent sein und Kunden akquirieren. Dies ermöglichte den beiden Instituten nicht nur die Chance des ersten Zugriffs bei vielen Kunden, sondern steigerte auch im breiten Privatkundengeschäft den Kundennutzen insofern, als die räumliche Nähe eines Kreditinstituts für diese Zielgruppe eine wesentliche Nutzenkomponente darstellt.

(2)   Ein weiterer Vorteil der Joint-ventures mit der Kreditbank resultiert aus deren Kundenkontakten und -verbindungen (besonders im Firmenkundenbereich). So kann man wohl davon ausgehen, daß viele "alte" Kreditbank-Verbindungen automatisch auf die "neue" Bank übertragen wurden, so daß diese nicht bei Null starten mußte, sondern schon auf einen gewissen Kundenstamm zurückgreifen konnte.

(3) Die Kombination von internem und externem Wachstum
     ermöglichte zumindest z.T. die Kompensation von Schwächen
     der einen Strategie durch Stärken der anderen. So könnte etwa
     der Personalbedarf in den selbst errichteten Filialen durch die
     von der Deutschen Kreditbank übernommenen Mitarbeiter (nach
     vorheriger Qualifikation) gedeckt werden.

(4) Die übernommenen Mitarbeiter besitzen lokale Kenntnisse (z.B.
     in bezug auf die Bedürfnisse der Bevölkerung der neuen
     Bundesländer), die man etwa zur Formulierung der adäquaten
     Ansprache der Kunden nutzen kann.

Diesen Vorteilen stehen folgende **Nachteile** gegenüber:

(1) Die Strategie verlangt im Gegensatz zum schrittweisen
     Aufbau eines eigenen Filialnetzes sehr hohe Anfangsinvestitionen
     und bindet bereits von Beginn an viele Ressourcen. Dabei ist
     nicht nur die hohe Kapitalbindung zu berücksichtigen, sondern
     auch der enorme Personaleinsatz westlicher Mitarbeiter in den
     neuen Bundesländern, den diese Strategie erfordert. Hinzu
     kommt, daß für viele übernommene Gebäude ein erheblicher
     Sanierungs-und Umrüstungsaufwand zu erwarten ist. Daher ist
     mit Anfangsverlusten zu rechnen, die Gewinnschwelle kann erst
     mittelfristig erreicht werden.

(2) Die hohe Ressourcenbindung läßt diese Strategie relativ riskant
     erscheinen. Ein weiterer Risikofaktor bestand darin, daß man
     nicht sicher sein konnte, inwieweit die Deutsche Kreditbank bei
     den Bürgern der neuen Bundesländer aufgrund der Tatsache, daß
     sie früher als ein "Teil" der Staatsbank zum zentralistischen
     Bankenapparat gehörte, diskreditiert war. So hätten die Filialen
     der Joint-ventures Akzeptanzproblemen seitens der Kunden
     ausgesetzt sein können. Dieses Risiko wurde durch den
     zusätzlichen Aufbau eigener Filialen gemindert, insbesondere bei
     der Dresdner Bank, die von Anfang an eine Doppelstrategie

verfolgte, während die Deutsche Bank zunächst hauptsächlich mit den übernommenen Filialen operierte.

(3)   Die Übernahme bereits bestehender Bankstellen führte zwar dazu, daß sich die Deutsche und die Dresdner Bank relativ schnell gute Standorte sichern konnten, jedoch war die freie Standortwahl insofern eingeschränkt, als die Filialen "im Paket" übernommen wurden. Zudem ist davon auszugehen, daß die Deutsche Bank sich die besseren Standorte aussuchen konnte, da sie schneller als die Dresdner Bank mit der Deutschen Kreditbank übereinkam.

(4)   Auch aus der Übernahme des Personals resultieren zahlreiche Probleme. Zum einen konnte man sich die Mitarbeiter nicht frei nach den üblichen Kriterien der Personaleinstellung auswählen. Zum anderen waren die Geschäftsstellen der Deutschen Kreditbank durch eine personelle Überbesetzung[170] gekennzeichnet, so daß man mehr Mitarbeiter übernehmen mußte, als man für diese Bankstellen brauchte (hoher Fixkostenblock von Anfang an). Daher verwundert es kaum, daß sich die Deutsche Bank im Jahre 1992 bereits wieder von einem Teil der übernommenen ostdeutschen Mitarbeiter getrennt hat.

Auch wenn man berücksichtigt, daß ein Teil des Personals in die selbst errichteten Bankstellen transferiert werden kann, existiert ein Personalüberhang; denn selbst wenn man die für das Endstadium anvisierte Zahl von Filialen zugrundelegt, entfallen immer noch durchschnittlich rund 33 bzw. 24 übernommene Mitarbeiter auf jede Bankstelle der Deutschen bzw. der Dresdner Bank.

Des weiteren fehlt diesen Bankangestellten das notwendige "westliche" Know-how, so daß erhebliche

---

[170]   Die Deutsche Bank übernahm im Durchschnitt 68 Mitarbeiter pro Filiale, die Dresdner Bank rund 49.

Qualifizierungsmaßnahmen und Know-how-Transfer erforderlich sind.

Außerdem wird die Übertragung der Unternehmenskulturen der Deutschen bzw. Dresdner Bank auf die jeweiligen Organisationen in den neuen Bundesländern durch die Übernahme der Mitarbeiter erschwert, da diese an eine andere Unternehmenskultur "gewöhnt" waren.

5.1.2 Vor-und Nachteile der Strategie der Commerzbank

Die wesentlichen **Vorzüge** der Vorgehensweise der Commerzbank sind die folgenden:

(1) Durch den sukzessiven Aufbau eigener Geschäftsstellen werden nicht von Anfang an so viele Ressourcen wie bei der Doppelstrategie gebunden. Die Errichtung von Zweigstellen kann bedarfs-und nachfragegerecht gesteuert werden. Dadurch ist diese Strategie hinsichtlich der Ressourcenbindung weniger riskant und die Gewinnschwelle schneller erreichbar.

(2) Das Zweigstellennetz kann völlig frei von externen Vorgaben (übernommene Standorte) konzipiert werden. Ebenso existiert bei der Personalrekrutierung und -auswahl mehr Entscheidungsfreiheit, und die neuen Mitarbeiter können zunächst ausgebildet werden, bevor sie zum Einsatz kommen. Zudem hat man nicht das Problem des Personalüberhangs.

(3) Der "unbelastete" Start in den neuen Ländern ermöglicht die friktionsarme Übertragung der Commerzbank-Unternehmenskultur auf die dortigen Einheiten.

(4)   In Anlehnung an die Argumentation von Röpke[171] läßt sich die
        Strategie der Commerzbank als der "innovativere" Weg
        bezeichnen.

Diesen Stärken der Commerzbank-Strategie stehen folgende **Schwächen**
gegenüber:

(1)   Das Geschäftsstellennetz ist anfänglich relativ dünn, und somit
        werden nicht so viele Kunden erreicht, zumal auch die
        Nutzenkomponente "Nähe des Instituts" zunächst nur schwach
        ausgeprägt ist. Wird die Chance des ersten Zugriffs von den
        beiden anderen Instituten konsequent genutzt und entwickelt sich
        eine hohe Bankloyalität, so wäre die Commerzbank gezwungen,
        durch enorme Anstrengungen (Übernahme eines Teils der
        Wechselkosten der Kunden) Kunden von den anderen Instituten
        abzuwerben, da sie an vielen Standorten erst später als diese
        präsent sein wird.

(2)   Geht man davon aus, daß die Preise für gute Standorte schnell
        steigen werden, so muß die Commerzbank für die Errichtung
        weiterer Bankstellen mit höheren Investitionen rechnen.

(3)   Die Commerzbank kann nicht auf "alte" Kundenverbindungen
        zurückgreifen, sie muß ihren Kundenstamm völlig neu aufbauen.

(4)   Man verfügt nicht über die lokalen Kenntnisse und Verbindungen
        von übernommenen Mitarbeitern.

---

[171]   Vgl. 3.2.2.

5.2.   Bewertung der Strategien unter dem Aspekt der Netzoptimierung

Wie unter 4 geschildert, liegt der Schwerpunkt der Strategien der drei Großbanken im relativ schnellen Aufbau eines flächendeckenden Zweigstellennetzes in den neuen Bundesländern. Insgesamt sind die drei Institute in naher Zukunft zusammen mit etwa 530 Geschäftsstellen in den neuen Bundesländern vertreten; davon entfallen 250 Einheiten auf die Deutsche Bank, 160 auf die Dresdner Bank und etwa 120 auf die Commerzbank.

Dies bedeutet, daß der prozentuale Anteil der Großbankgeschäftsstellen in den neuen Bundesländern mit 7,7%[172] der gesamten Bankstellen in etwa dem in den alten Bundesländern (7%[173]) entspricht.

Somit erscheint es sinnvoll, eine Beurteilung der Expansion des Geschäftsstellennetzes in den neuen Bundesländern im Vergleich zur Situation in der Bundesrepublik vorzunehmen. Dabei wird - nach einer kurzen Abgrenzung der wesentlichen Begriffe - zunächst die Entwicklung in den alten Bundesländern seit 1958 kritisch betrachtet und analysiert, daran schließt sich eine vergleichende Beschreibung des Geschäftsstellennetzes in den neuen Bundesländern an.

5.2.1.   Begriff und Elemente der Standortpolitik

Wie bereits unter 3.2.1. erläutert, stellt die Wahl des Standortes einer der beiden zentralen Entscheidungstatbestände im Rahmen der Vertriebspolitik von Banken dar. Allgemein versteht man unter einem Standort denjenigen geographischen Ort, an dem das Unternehmen Produktionsfaktoren zwecks Erreichung seiner Ziele kombiniert.[174]

---

172   Zur Rechnung: Ausgegangen wurde von einer Gesamtzahl an Bankstellen von 6894. Diese Zahl wurde ermittelt aus der Addition der von Dennig angegebenen Zahl für 1990 (Vgl. Dennig, 1991, S. 130) zuzüglich der zusätzlich eingerichteten Großbankgeschäftsstellen. Die 7,7% ergaben sich dann aus: 530:6894*100.

173   Vgl. Dennig (1991), S. 130

174   Vgl. Müller-Hagedorn (1984), S. 100

In bankbetrieblicher Perspektive muß zwischen zwei Arten von Standorten differenziert werden:[175]

(1) **Marktbezogene Standorte**, welche durch die Identität von Standort und Markt gekennzeichnet sind. Zu unterscheiden sind lokale, regionale und nationale Standorte.[176]

(2) **Strategiebezogene Standorte**, bei denen *keine* Identität von Standort und Markt gegeben ist. Sie sind folglich Finanzplätze bzw. zykloide Märkte.[177]

Da wir unter 4 dargelegt haben, daß die Großbanken ein flächendeckendes Bankstellennetz in Ostdeutschland errichtet haben mit dem Ziel der Ausschöpfung der dortigen Marktpotentiale, ist eine Identität von Standort und Markt gegeben. Wenn wir also im folgenden von "Standort" sprechen, sind marktbezogene Standorte gemeint.

Zu fragen ist nun, welche Faktoren die Standortwahl eines Kreditinstituts beeinflussen. In Anlehnung an die grundlegende Arbeit von *Siepmann* können folgende drei Faktorengruppen unterschieden werden:[178]

(1) **Geschäftsstrukturelle Faktoren**, die auch als standortbestimmende Faktoren bezeichnet werden können und denen das größte Gewicht im Entscheidungsprozeß zukommt. Zu nennen sind hierbei z.B. folgende Einzelfaktoren: Bevölkerung, Gewerbesektor und Konkurrenzverhältnisse.

---

175 Vgl. Hagenmüller/Jacob (1988), S. 316
176 Vgl. Jacob/Förster (1989), S. 9
177 Vgl. Jacob/Förster (1989), S. 9
178 Vgl. Siepmann (1968), insbesondere S. 22ff.; vgl. auch Hein (1981), S. 106ff.

(2) **Institutionelle Faktoren,** die einen weit geringeren
Einfluß auf die Standortwahl haben, z.B. Verkehrspolitik,
Steuerpolitik und Notenbankpolitik.

(3) **Produktionswirksame Faktoren** wie etwa Boden
und Arbeitskraft. Sie üben den geringsten Einfluß
auf die Entscheidung aus.

Da den geschäftsstrukturellen Faktoren die mit Abstand größte Bedeutung
zukommt, soll die Bewertung der Bankstellennetze der Großbanken
insbesondere im Hinblick auf diese Faktorengruppe erfolgen.

**5.2.2.   Analyse der Geschäftsstellenpolitik in den alten
Bundesländern**

**5.2.2.1.   Historische Phasen der Geschäftsstellenpolitik seit
1952**

Im allgemeinen werden in der Literatur drei Phasen der
Geschäftsstellenpolitik unterschieden, nämlich die Periode von 1952 bis
1957, die Phase von 1958 bis 1974 und schließlich die Zeit nach 1975.[179]

Die in Tabelle 2 dargestellte Entwicklung der Bankstellenzahl von 1957-
1990 verdeutlicht die Richtigkeit dieser Phasenunterscheidung.
Dabei wird klar, daß die Phase von 1958 bis 1974 durch eine starke
Zunahme der Bankstellen gekennzeichnet ist (*Expansionsphase*), während
ab 1975 die Periode der *Netzkonsolidierung* begann, gekennzeichnet
durch eine nur noch relativ geringe Zunahme der Bankstellenzahl.[180]

---

179   Vgl. Alberts (1987), S. 26ff.
180   Vgl. Alberts (1987), S. 30; vgl. auch Hagenmüller/Jacob (1987), S. 34

Jahres- ende	Kreditinstitute	Zweigstellen	Bankstellen insg.	Index 1957=100
1957	13.359	12.974	26.333	100,0
1960	13.259	16.768	30.027	114,0
1965	11.836	23.046	34.882	132,5
1970	8.549	32.251	40.800	154,9
1975	6.487	37.103	43.590	165,5
1980	5.355	39.311	44.666	169,6
1985	4.739	39.998	44.737	169,9
1990*	4.171	39.747	43.918	166,8
1991*	3.960	39.422	43.382	164,7

* ohne neue Bundesländer

Quellen: Hagenmüller/Jacob (1987), S. 34;
        Monatsberichte der Deutschen Bundesbank, verschiedene Jahrgänge

Tabelle 2:   *Entwicklung der Bankstellenzahl in Westdeutschland*
               (1957-1991)

Von 1985 bis 1991 (Abnahme der Bankstellenzahl um rund 3% von 1985 bis 1991) ist sogar eine leicht rückläufige Tendenz zu beobachten, wobei noch nicht eindeutig zu erkennen ist, ob es sich hierbei lediglich um die Fortsetzung der Konsolidierungsphase handelt oder ob sich dahinter der Beginn einer Phase der deutlichen Bankstellenreduktion verbirgt.

Zu den Phasen im einzelnen:

(1) Die Phase von 1952-1958

Aufgrund des Großbankengesetzes von 1952 wurden zunächst neun Nachfolginstitute mit insgesamt 560 Geschäftsstellen geschaffen, wovon 262 auf die Deutsche, 178 auf die Dresdner Bank und 120 auf die Commerzbank entfielen.[181] In der Folgezeit bis 1958 stand einer bedeutenden Expansion des Geschäftsstellennetz vor allem die von 1934

---

181   Vgl. Alberts (1987), S. 27

datierende staatliche Bedürfnisprüfung bei der Zulassung von Kreditinstituten und Zweigstellen im Wege, so daß das Geschäftsstellennetz der Großbanken nur langsam wuchs.

(2) Die Expansionsphase (1958-1974)

Obwohl die Phase von 1958 bis 1974 durch eine starke räumliche Expansion der Kreditinstitute mittels der Errichtung von Zweigstellen gekennzeichnet ist, läßt sich diese Periode, wenn man auf die verschiedenen Ursachen der Bankstellenexpansion abhebt, in folgende zwei Teilperioden unterteilen:[182]

(a)   Eine **Nachholphase** von 1958 bis 1963

Im Jahre 1958, das als der Beginn einer Phase der Liberalisierung der Bankenmärkte in der Bundesrepublik angesehen wird, kam es zur Aufhebung der Bedürfnisprüfung für Zweigstellen.[183] Damit fiel eine wesentliche rechtliche Beschränkung der räumlichen Expansion der Kreditinstitute[184], wodurch eine Wiederherstellung der Zweigstellendichte der Vorkriegszeit und die Errichtung zusätzlicher Bankstellen unter Wettbewerbsgesichtspunkten ermöglicht wurden.

(b)   Die **Phase des Nebensleistungswettbewerbs** von 1963-1974

Der Hauptgrund für die Vergrößerung der Zweigstellennetzes war in dieser Phase nun nicht mehr ein Nachholbedarf, sondern lag in einem verschärften Wettbewerb. Die räumliche Nähe des Kreditinstituts wurde

---

182   Vgl. Platz (1978), S. 24ff.
183   Vgl. Süchting (1983), S. 136
184   Gemäß des Kreditwesengesetzes von 1961 besteht bei der Eröffnung einer Niederlassung lediglich noch eine Anzeigepflicht gegenüber dem Bundesaufsichtsamt für das Kreditwesen; die eigentliche Entscheidung über die Eröffnung liegt allein beim Kreditinstitut.

zum entscheidenden Wettbewerbsfaktor im Bemühen um die Akquisition von Privatkunden im Mengengeschäft.

Während der beiden Teilperioden der Expansionsphase kam den Großbanken eine bedeutende Rolle zu. Dies wird unmittelbar deutlich, wenn man bedenkt, daß bis 1975 eine Zunahme der Bankstellen um 17.257 (+ 65,5%) erfolgte, wobei die drei Großbanken mit einer Vergrößerung ihres Zweigstellennetzes um 2.197 Einheiten (+ 276, 4%) relativ zu den übrigen Bankengruppen (hier betrug die Zunahme zwischen 107,9% bei den sonstigen Kreditbanken und 43,9% bei den sonstigen Instituten) die stärkste räumliche Expansion bewerkstelligten.[185]

Als Grund für diese "explosionsartige" Zweigstellenexpansion insbesondere der Großbanken wird neben "einem gewissen Nachholbedürfnis"[186] vor allen Dingen eine wesentliche "geschäftspolitische Strukturveränderung"[187], nämlich die Öffnung dieser Institute gegenüber breiten Bevölkerungsschichten (Bezieher kleiner und mittlerer Einkommen) angeführt, eine Hinwendung zum retail banking also.[188] Da für diese Zielgruppe die Nähe des Kreditinstitutes ein entscheidender Parameter bei der Wahl der Bankverbindung darstellt[189], war eine Ausweitung des Bankstellennetzes die logische Konsequenz. Dabei stand zu Beginn dieser strategischen Neuorientierung der Großbanken das Ziel der Erfassung der Spareinlagen dieser Kundengruppe im Vordergrund ("Zweigstellen als Saugnäpfe für Spareinlagen"), nicht zuletzt um somit die längerfristige Finanzierung der Firmenkunden sicherzustellen.[190]

Um die neue Zielgruppe zu gewinnen, war jedoch neben einer Ausdehnung des Bankstellennetzes auch eine Erweiterung des Angebots

---

185 Vgl. Hagenmüller/Jacob (1987), S. 34f.
186 Vgl. Alberts (1987), S.28
187 Pohl (1986), S. 118
188 Vgl. Süchting (1983), S.137
     Vgl. auch Schuster (1982), S. 156
189 Vgl. Weiss (1989), S. 75
190 Vgl. Süchting (1983), S.137; vgl. auch Hagenmüller/Jacob (1987), S. 35

(Privatkonto, Dispositionskredit, persönliches Hypothekendarlehen usw.) notwendig. Dies bedeutete eine klare Hinwendung zum **Mengengeschäft**, verbunden auch mit einem starken Anstieg des traditionell defizitären Zahlungsverkehrsgeschäfts[191], eine Entwicklung, die man in dieser Expansionsphase kaum beachtet hat bzw. beachten wollte.[192]

Neben dem obengenannten Hauptgrund der räumlichen Expansion der Großbanken werden noch drei weitere Faktoren genannt, die mit zu der oben beschriebenen Entwicklung beitrugen:

(1)   Der in den sechziger Jahren technisch möglich gewordene bargeldlose Zahlungsverkehr mit der damit verbundenen Enstehung des privaten Lohn- und Gehaltskontos.[193]

(2)   Die durch die bis 1967 geltende staatliche Zinsbindung verursachte Beschränkung des Wettbewerbs auf Nebenleistungen, etwa die räumliche Präsenz der Kreditinstitute.[194]

(3)   Die strategische Überlegung der Banken, die Expansion im eigenen Lande als risikopolitischen Ausgleich zur zunehmenden Auslandsabhängigkeit anzustreben.[195]

Was auch immer die Ursachen der Expansion im einzelnen gewesen sein mochten, so läßt sich doch zusammenfassend festhalten, daß in dieser Phase bei den Großbanken ein **quantitatives Wachstumsdenken** (über das Mengengeschäft) dominierte[196], welches enorme Investitionen in das Bankstellennetz zur Folge hatte. Die Qualität des Wachstums

---

191   Vgl. Jacob (1980), S. 15; Jacob (1990), S. 76 und Prast (1991), S. 391. Diese Feststellung gilt für die Betrachtung des Zahlungsverkehrs als isolierte Dienstleistung. Auf die Funktion als Einstiegsdienstleistung und die damit verbundenen Chancen des cross-selling haben wir bereits unter 2.2.2. hingewiesen.
192   Vgl. Schuster (1982), S. 157
193   Vgl. Jacob (1984), S. 6f.
194   Vgl. Alberts (1987), S. 28f.
195   Vgl. Schuster (1982), S. 156
196   Vgl. Gerke (1982), S. 28

(insbesondere die Rentabilität) spielte bei diesen Überlegungen eine eher untergeordnete Rolle; man ging wohl davon aus, daß eine Volumenserhöhung quasi zwangsläufig zu einem besseren Ergebnis führen mußte.

(3) *Die Phase der Netzkonsolidierung (ab 1975)*

Im Jahre 1975 wurde in der Bundesrepublik mit einer Bankstellendichte von 1:1400 (1400 Einwohner je Bankstelle) eine **Sättigungsgrenze** erreicht.[197] Die Abdeckung des Marktgebietes war relativ schnell erfolgt, und der Markt weitestgehend verteilt, so daß eine weitere Ausdehnung des Zweigstellennetzes kaum erfolgversprechend (im Hinblick auf die Neukundengewinnung) sein konnte; "der gewonnene Kundenstamm und das darin liegende Potential muß langfristig ausreichen, um einen positiven Deckungsbeitrag zu erwirtschaften".[198]

In Verbindung mit Kostensteigerungen im technisch-organisatorischen Bereich führte die obengenannte Situation zu einer Konsolidierung des Bankstellennetzes.[199] Die Konsolidierung vollzog sich bei den Großbanken in einem deutlichen Rückgang der Zunahme der Geschäftsstellen, nicht jedoch in einer absoluten Stagnation oder gar in einem Abbau der Zahl der Bankstellen; ihr Geschäftsstellennetz wuchs weiter, jedoch erheblich langsamer als in der Phase zuvor.

5.2.2.2   Aktuelle Bankstellensituation

In der Bundesrepublik gab es im Jahre 1988 im Durchschnitt eine Bankstelle pro 1370 Einwohner[200], und somit gehört die Bundesrepublik neben der Schweiz (1 Bankstelle pro 1300 Einwohner) zu den Ländern mit der höchsten Bankstellendichte, weit vor den USA, Japan oder England[201].

---

197   Vgl. Alberts (1987), S.30
198   Krauß (1980), S. 14
199   Vgl. Alberts (1987), S. 30
200   Vgl. Betsch (1988), S. 5
201   Vgl. Schuster (1982), S. 156

Eine detaillierte vergleichende Analyse der Standortpolitik der Großbanken und der Sparkassen findet sich bei Hagenmüller/Jacob.[202] Ihre Untersuchung erfolgt dabei nach drei Kriterien:

(a)   nach Einwohner-Größenklassen/Ortstypen

(b)   regional nach Bundesländern

(c)   und allein für die Großbanken nach besetzten und unbesetzten Stellen

Die wichtigsten Ergebnisse der Analyse sind die folgenden:

(1)   Obwohl sowohl die Sparkassen als auch die drei Großbanken, absolut gesehen, in den wirtschaftlich wichtigsten Großstädten jeweils die größte Anzahl von Bankstellen unterhalten, besteht ein Unterschied zwischen beiden Bankgruppen dahingehend, daß bei den Sparkassen die Geschäftsstellendichte mit abnehmender Einwohnerzahl der betrachteten Städte und Gemeinden zunimmt, während sie bei den Großbanken abnimmt. Letztere haben etwa 50% ihrer Geschäftsstellen in Städten mit über 200.000 Einwohnern, sind in Städten mit 50.000 - 100.000 Einwohnern in der Regel nur mit einer Geschäftsstelle pro Kreditinstitut vertreten, besetzen von den Städten bis zu 30.000 Einwohnern nur noch jede zweite und bei Kleinstädten und Gemeinden zwischen 10.000 und 20.000 Einwohnern nur noch jede fünfte Stelle.
Tabelle 3 verdeutlicht die gerade dargelegten Zusammenhänge.

---

[202]   Vgl. Hagenmüller/Jacob (1987), S.36-43. Die weiteren Ausführungen zu diesem Punkt lehnen sich an diese Darstellung an.

Ortstypen	Durchschnittl. Einwohnerzahl Tsd.	Durchschnittl.Bankstellendichte (Tsd. Einwohner pro Geschäftsst.)	
		Stadtsparkassen	Großbanken
Typ A:	997	7,5	9,9
Typ B:	282	6,6	13,4
Typ C:	110	6,2	14,4
Typ D:	60	4,2	17, 1
Typ E:	31	2,6	18,2
Typ F:	12	2,6	24,0

Quelle: Hagenmüller/Jacob (1987), S. 38

Tabelle 3:   *Analyse des Bankstellennetzes in Westdeutschland nach Einwohner-Größenklassen*

(2)   Die unterschiedliche Bankstellendichte der einzelnen Bundesländer kann im allgemeinen auf die Stadt/Land-Relation und den jeweiligen Anteil in den Ortsgrößenklassen zurückgeführt werden. In der Regel weisen Flächenstaaten, bedingt durch die zunehmende Bankstellendichte der Sparkassen in kleineren Städten und Gemeinden, eine höhere Bankstellendichte als Stadtstaaten auf.

(3)   Auch innerhalb der Gruppe der Großbanken lassen sich Unterschiede in der Geschäftsstellenpolitik feststellen. Zunächst besteht ein Unterschied in der absoluten Zahl der Geschäftsstellen.

Von den Anfang 1986 bestehenden 2.879 Geschäftsstellen (an 705 Plätzen) entfallen 40% auf die Deutsche Bank, 33% auf die Dresdner Bank und 27% auf die Commerzbank.[203]

Des weiteren bestehen Differenzen hinsichtlich der Flächenstreuung, wobei die Deutsche Bank mit ihrer Präsenz an 529 Plätzen die breiteste Streuung aufweist. Davon ist sie an 272 Plätzen nur mäßigem Wettbewerbsdruck ausgesetzt.

(4)   In allen 65 Städten mit mehr als 100.000 Einwohnern ist jede der Großbanken mit mindestens einer Geschäftsstelle vertreten. Von den untersuchten Mittelstädten (20.000 - 100.000 Einwohner) ist in etwa 50% der Städte die gleiche Situation festzustellen, in 43% der Städte gibt es nur eine oder zwei Großbankvertretungen, und in 7% der Städte ist keine der Großbanken vertreten.

5.2.2.3   Beurteilung des Geschäftsstellennetzes

Vielfach wird in der Literatur die Bundesrepublik aufgrund ihrer hohen Bankstellendichte als "overbanked" angesehen[204], und folglich wird die explosionsartige Zweigstellenexpansion als Strategiefehler der Banken angesehen.[205]

Dieses Urteil basiert im wesentlichen auf folgenden Überlegungen:

Auch nach Jahren arbeiten viele der in der Zeit der Bankstellenexpansion eröffneten Zweigstellen unrentabel. Dies zeigt, daß das "Bankstellen-Optimum" überschritten ist. Hinzu kommt, daß die ständig steigenden Kosten des Geschäftsstellennetzes (etwa 30% der Budgets der Banken entfallen auf die Kosten der Geschäftsstellennetze) kaum über das

---

203   Diese prozentuale Verteilung der Geschäftsstellen auf die drei Großbanken hat sich seither nicht wesentlich geändert. Von den 2875 Geschäftsstellen in der Bundesrepublik in 1989 entfielen 1124 (39,1%) auf die Deutsche Bank, 949 (33%) auf die Dresdner Bank und 802 (27,9%) auf die Commerzbank.
204   Vgl. Schuster (1982), S. 159; vgl. ähnlich auch Starke (1980), S. 20 und Bühler et al. (1990), S. 107
205   Vgl. Gerke (1982), S. 28

Wachstum der Kundenzahl oder des Geschäftsvolumens zu decken sind (verteilter Markt).[206]

Berücksichtigt man weiter, daß vor allem die steigenden Personalkosten für diesen Kostendruck verantwortlich sind, so wird deutlich, daß auch Kreditinstitute im Rahmen eines erfolgversprechenden Kostenmanagements Möglichkeiten finden müssen, teuere Arbeit durch kostengünstigeres Kapital zu substituieren.[207] Dabei bietet die moderne Informationstechnologie mit ihren Innovationen für die Bankenbranche (etwa Geldausgabeautomaten, POS-Systeme, Bankautomaten etc.[208]) eine wesentliche Hilfestellung insoweit, als sie die kostengünstigere (im Vergleich zur Erledigung dieser Vorgänge durch das Bankpersonal) Abwicklung von standardisierten Routineleistungen ermöglicht. Dies würde dann auch einen Abbau von Zweigstellen zur Folge haben.[209] Zum gleichen Ergebnis kommt auch Priewasser, der für die Bankbranche eine Anpassung der Kosten an die sinkenden Erlöse verlangt und davon ausgeht, daß sich "dieser Kostenabbau in allererster Linie durch einen (marginalen) Abbau des Stellennetzes"[210] bewerkstelligen läßt.

Gegen eine solche Reduktion der Bankstellenzahl gibt es jedoch in Theorie und Praxis gewisse Vorbehalte. So verringerte sich die Zahl der Großbankgeschäftsstellen in der Bundesrepublik im Zeitraum von 1985 bis 1990 lediglich um 10 (= 0,003%) von 3121 Einheiten auf 3111.[211] Als Hauptgrund für dieses "zögerliche" Vorgehen wird vor allen Dingen die Befürchtung angeführt, daß eine Ausdünnung des Geschäftsstellennetzes mit einem erheblichen Imageverlust verbunden sei.[212]

Des weiteren sieht Schneider die Schließung von Zweigstellen kritisch, da er davon ausgeht, daß die in den Zweigstellen vorhandene

---

206   Vgl. Krauß (1980), S. 14; vgl. auch Betsch (1988), S. 5
207   Vgl. Gerke (1982), S.29
208   Vgl. dazu Bernhardt/Dambmann (1979); Muthesius/Schneider (1982)
209   Vgl. Gerke (1982), S. 30; vgl. auch Starke (1987) S. 168
210   Priewasser (1984), S.20
211   Vgl. Monatsbericht der Deutschen Bundesbank, April 1991, S.45
212   Vgl. Bunk (1992), S. 22

Beratungskapazität den Aufbau fester persönlicher Beziehungen zwischen Bankmitarbeiter und Kunde ermöglicht.[213] Dieses Argument greift jedoch insoweit nicht, als von Betsch gezeigt wurde, daß "nahezu 50 Prozent der personellen Gesamtkapazität für in der Regel unlukrative Bedienungskontakte aufgewendet werden und nicht einmal ein Fünftel der Kapazität für die im Normalfall ertragsstarke Beratungstätigkeit eingesetzt werden"[214] und da auch alternative Vertriebsformen, insbesondere der Außendienst, diese Funktion erfüllen können.[215]

Auch die in der Expansionsphase als Rechtfertigung für den Ausbau des Bankstellennetzes der Großbanken angeführte "Saugnapf-Funktion"[216] kann heute kaum noch gegen eine Reduzierung der Zweigstellendichte angeführt werden, da es den Großbanken trotz des erweiterten Bankstellennetzes nicht gelungen ist, ihren 1970 erreichten Marktanteil im Spareinlagengeschäft zu halten.[217]

Als weitere negative Konsequenz der Schließung von Zweigstellen wird der Verlust von Marktanteilen genannt. Hierzu ist anzumerken, daß etwa der Verlust von Kunden, die nur für die Bank relativ "teure" Routineleistungen (etwa Zahlungsverkehr, Geldabhebung etc.) in Anspruch nehmen, nicht unbedingt als negativ anzusehen ist.[218]
Der Rückgang des Marktanteils muß nicht notwendigerweise eine Ergebnisverminderung zur Folge haben.

---

[213] Vgl. Schneider (1983), S.5
[214] Betsch (1988), S. 10; vgl. auch Betsch (1992), S. 19
[215] Vgl. 3.2.1.
[216] Vgl. 5.2.1.1
[217] Vgl. Oehler (1990), S. 67
[218] Hierbei ist zunächst fraglich, ob diese Kunden abwandern, da man sie etwa durch das Aufstellen von Bankautomaten am Platz der früheren Zweigstelle "halten" könnte, zumal man schätzt, daß durch den Einsatz von GAA/ATM weder Kunden gewonnen noch verloren werden (vgl. hierzu: Dambmann/Förster, 1983, S. 43) Offensichtlich akzeptieren die Kunden inzwischen ein duales System mit den Komponenten Selbstbedienung bei Routineleistungen und persönliche Betreuung bei komplexen Dienstleistungen (vgl. Krupp, 1992, S. 12).

Fazit:

Obige Diskussion macht deutlich, daß keines der Argumente gegen die Reduzierung des Zweigstellennetzes (unrentable Zweigstellen) voll überzeugen kann.

Berücksichtigt man ferner, daß es aufgrund der Entwicklung in der Informationstechnologie möglich geworden ist, Routineleistungen durch Bankautomaten erbringen zu lassen, was nicht nur zum Kostenabbau beitragen, sondern auch Beratungskapazität im Personalbereich freisetzen würde, so spricht wenig gegen die Schließung von unrentablen Zweigstellen, denn schließlich kann langfristig nur die Kosten-Nutzen-Relation der Beurteilungsmaßstab für das Zweigstellennetz sein.

Die Schließung von Bankstellen würde dann die eingangs zitierte These, die die explosionsartige Zweigstellenexpansion als Strategiefehler versteht, stützen.

Zumindest aber zeigt die zögerliche Haltung der Banken gegenüber dem Thema Zweigstellenschließung, daß sich die Banken durch die hohen Investitionen in das Bankstellennetz der Jahre 1957-1974 in ihren Strategiewahlmöglichkeiten selbst beschränkt haben.

5.2.3. **Empirische Untersuchung des Bankstellennetzes in den neuen Bundesländern**

Im folgenden soll das Bankstellennetz der drei Großbanken in den neuen Bundesländern anhand von Ergebnissen einer empirischen Untersuchung bewertet werden. Nach einer kurzen Beschreibung des Untersuchungsdesigns erfolgt eine Standortanalyse der Bankstellen nach den von Hagenmüller/Jacob für die alten Bundesländer entwickelten Kriterien[219], um die Vergleichbarkeit der für beide Gebiete erzielten Ergebnisse sicherzustellen.

5.2.3.1. **Untersuchungsdesign**

Um die Entwicklung der Bankstellennetze der Großbanken in den neuen Bundesländern untersuchen und bewerten zu können, wurden folgende zwei Analysen vorgenommen:

(1)   Eine Standortanalyse der Großbankengeschäftsstellen nach den Kriterien Einwohner-Größenklassen, Bundesländer und Großbanken-Konkurrenzdruck zum **Erhebungszeitpunkt Ende 1991.**

(2)   Eine Standortanalyse der Großbankengeschäftsstellen nach denselben Kriterien wie unter (1) zum **Erhebungszeitpunkt Ende 1992.**

Neben dem Erhebungszeitpunkt unterscheiden sich die beiden Erhebungen weiterhin durch die Tatsache, daß bei der zweiten Untersuchung auch die Bankstellennetze der Sparkassen sowie der Bayerischen Vereinsbank und der Bayerischen Hypotheken- und Wechsel-Bank analysiert wurden. Während sich die Zweigstellenzahl der Sparkassen von 1990 bis 1992 kaum veränderte und somit die Ende 1992

---

219   Vgl. 5.2.2.2.

erhobenen Daten für diese Institutsgruppe auch als Vergleichszahlen für die Ergebnisse der ersten Untersuchung valid sind, erfolgte eine nennenswerte Expansion der bayerischen Institute in das Gebiet der ehemaligen DDR im Laufe des Jahres 1992.[220] Berücksichtigt man zusätzlich die eindeutige Hinwendung dieser Institute zum retail banking während dieser Periode, etwa durch die Gründung von Tochterbanken für das private Breitengeschäft, so wird ersichtlich, daß bei der Bewertung des Bankstellennetzes der Großbanken die Zweigstellen der beiden bayerischen Banken als Konkurrenten zu berücksichtigen sind.

Das Ausgangsmaterial für beide Untersuchungen wurde aus Sekundärquellen entnommen; das Statistische Jahrbuch der DDR (1990) als Grundlage zur geographischen und sozio-demographischen Erfassung, Beschreibung und Unterteilung (z.B. Bildung von Ortstypen) der möglichen Standorte auf dem Gebiet der ehemaligen DDR und die Geschäftsstellenverzeichnisse der verschiedenen Institute bzw. Institutsgruppen.

Das beschriebene Untersuchungsdesign ermöglicht die Ableitung von empirisch fundierten Aussagen zu folgenden drei Bereichen:

(1)   Die Entwicklung des Bankstellennetzes in den neuen Bundesländern im **Zeitablauf.**

(2)   Der **Konkurrenzdruck** an den verschiedenen Standorten der neuen Bundesländer innerhalb der Großbankengruppe und zwischen den verschiedenen Institutsgruppen.

(3)   Ein **Vergleich** der Bankstellensituation in **Ost- und Westdeutschland.**

---

220   Vgl. zu detaillierten Angaben über die Entwicklung der Bankstellenzahl im Zeitablauf 2.2.3.

5.2.3.2. Entwicklung der Bankstellenzahl

Die quantitative Entwicklung der Großbank-Geschäftsstellen von Mitte 1990 bis Ende 1992 ist in Abbildung 10 dargestellt. Dabei wird zunächst deutlich, daß die Deutsche und die Dresdner Bank bereits Mitte 1990 über relativ viele Zweigstellen verfügten, während die Commerzbank lediglich mit 22 stationären Bankstellen[221] in den neuen Ländern vertreten war.

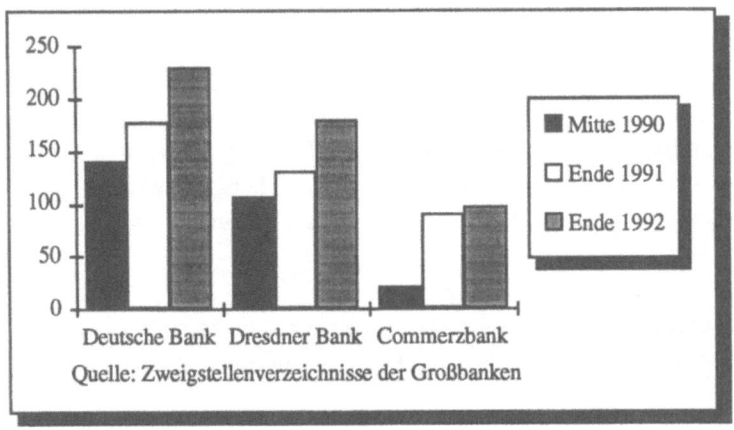

Abbildung 10:   *Entwicklung der Großbankstellenzahlen in den neuen Bundesländern*

Von Mitte 1990 bis Ende 1991 stieg die Gesamtzahl der Großbanken-Geschäftsstellen von 269 auf 400 (+ 49 %), wobei das Netz der Commerzbank, auch bedingt durch die Umwandlung von mobilen in stationäre Zweigstellen prozentual am stärksten wuchs (+ 314 %). Die Zahl der Zweigstellen der Deutschen Bank nahm in diesem Zeitraum um lediglich etwa 26%, die der Dresdner Bank um rund 23% zu.

---

221   Die fahrbaren Zweigstellen der Commerzbank sind nicht berücksichtigt.

Von Ende 1991 bis Ende 1992 wuchs das gesamte Zweigstellennetz der Großbanken mit einer Zunahme von 27% etwas moderater als in dem zuvor betrachteten Zeitraum, was in erster Linie auf die geringe Zunahme der Zweigstellen der Commerzbank (lediglich + 8 %) zurückzuführen ist. Für die Deutsche und Dresdner Bank ist nämlich in der betrachteten Periode eine Zunahme der Bankstellenzahl in den neuen Ländern von jeweils über 30% zu verzeichnen. Während also die beiden letztgenannten Institute die Bankstellenexpansion im letzten Jahr eher forcierten, ist bei der Commerzbank eher eine vorsichtige Haltung gegenüber dem Aufbau sehr großer Kapazitäten, verbunden mit hoher Kapitalbindung, zu konstatieren.

5.2.3.3. Standortanalyse nach Einwohner-Größenklassen

In diesem Abschnitt werden die Ergebnisse der Standortanalyse des Geschäftsstellennetzes der Großbanken nach dem Kriterium "Ortstypen" bzw. "Einwohnergrößenklassen" dargestellt und diskutiert. Neben den Bankstellen der Großbanken wurden in der Untersuchung auch diejenigen der Sparkassenorganisation und der Bayerischen Vereinsbank sowie der Bayerischen Hypotheken- und Wechsel-Bank berücksichtigt.

Die Bildung der Einwohner-Größenklassen erfolgte in Analogie zu der bereits zitierten Untersuchung für die alten Bundesländer von Hagenmüller/Jacob, um die Vergleichbarkeit der Ergebnisse zu gewährleisten. Allerdings wurde zur Bildung der Einwohner-Größenklassen lediglich der Parameter "Einwohnerzahl" herangezogen, da eine abschließende Beurteilung der wirtschaftlichen Bedeutung der einzelnen Städte/Gemeinden aufgrund der noch sehr unsicheren ökonomischen Entwicklung in Ostdeutschland nicht möglich ist.

Die Bezeichnung der einzelnen Ortstypen erfolgte nach dem unteren Grenzwert der Einwohnerzahl. So bedeutet etwa die Notation "über 100.000 Einwohner", daß in diese Klasse alle Orte von 100.001 Einwohnern bis zu 199.999 Einwohner aufgenommen wurden. Die übrigen Bezeichnungen sind analog zu interpretieren.

In Tabelle 4 sind zunächst die wesentlichen Resultate der empirischen Untersuchung, verdichtet in der Kennzahl "Bankstellendichte" wiedergegeben. Hierbei wird zunächst deutlich, daß - abgesehen vom Ortstyp G - die Bankstellendichte der Sparkassen genau wie in Westdeutschland mit abnehmendem Bevölkerungspotential zunimmt. Dies ist im wesentlichen darauf zurückzuführen, daß es in nahezu jeder Gemeinde/Stadt mit geringer Einwohnerzahl mindestens eine Sparkassen-Bankstelle gibt.

Ortstypen	durchschn. Einwohner-zahl in Tsd.	Bankstellendichte (Tsd. Einwohner pro Bankstelle)			
		Sparkasse	GB 1991	GB 1992	GB + bayer. Institute 1992
A: Berlin (Ost)	1279	n.a.	44,1	28,4	20,3
B: über 500.000 Einwohner	516	9,5	28,7	24,0	16,6
C: über 200.000 Einwohner	258	7,5	56,1	40,3	23,5
D: über 100.000 Einwohner	123	7,4	37,3	27,7	18,7
E: über 50.000 Einwohner	66	7,2	21,6	18,3	14,6
F: über 20.000 Einwohner	30	6,6	16,7	13,0	11,9
G: über 10.000 Einwohner	14	7,7	23,7	18,2	18,1

GB = Großbanken
1991 = Erhebung Ende 1991
1992 = Erhebung Ende 1992

Quellen: Zweigstellenverzeichnisse, Sparkassenfachbuch 1992; eigene Berechnungen

Tabelle 4: Bankstellendichte in den neuen Bundesländern

Während allerdings die Zahl der Einwohner pro Großbank-Geschäftsstelle mit abnehmendem Bevölkerungspotential zunimmt, läßt sich dieser Sachverhalt in den neuen Bundesländern nicht konstatieren. So war z.B. die Einwohnerzahl pro Bankstelle der Großbanken in Orten mit durchschnittlich 258.000 Einwohnern mit 56.100 höher als in Städten mit über 100.000 Einwohnern (37.300). Auch im Laufe des Jahres 1992 hat sich diese Situation nicht wesentlich verändert.

Betrachtet man nur die Ortstypen C-F, so kann man sogar feststellen, daß sich die Größen "Einwohnerpotential" und "Bankstellendichte der Großbanken" (definiert als Tausend Einwohner pro Bankstelle) - im Gegensatz zu den alten Ländern - proportional verhalten, also genau wie bei den Sparkassen. Dieses Ergebnis deutet bereits darauf hin, daß bei der Bankstellenexpansion der Großbanken in den neuen Ländern auch Orte mit mittlerem bis geringem Einwohnerpotential in starkem Maße berücksichtigt wurden. Dies gilt sowohl für 1991 als auch für 1992.

Vergleicht man jeweils (d.h. für jede Größenklasse) die Bankstellendichte der Großbanken in den alten und neuen Bundesländern, so wird ersichtlich, daß bis Ende 1991 in Orten der Klassen A-E in Ostdeutschland deutlich mehr Einwohner auf eine Bankstelle entfielen als in Westdeutschland; in den Kategorien F und G hingegen weniger.

Im Jahre 1992 verringerten sich die Unterschiede in der Bankstellendichte zwischen Ost- und Westdeutschland bei den Ortstypen A-E; wobei beim Ortstyp E nahezu die gleiche Bankstellendichte in beiden Teilgebieten Deutschlands erreicht wurde (18,3 in Ostdeutschland vs. 17,1 in Westdeutschland). Die größte Divergenz ist hingegen für den Ortstyp C zu verzeichnen (40,3 in Ostdeutschland vs. 13,4 in Westdeutschland).

Durch die Errichtung weiterer Bankstellen der Großbanken in Orten mit durchschnittlich 30.000 Einwohnern sank dort die Zahl der Einwohner pro Geschäftsstelle auf 13.000, während sie in Westdeutschland 18.200 beträgt. Auch Orte mit einem Bevölkerungspotential zwischen 10.000 und 20.000 sind in den neuen Bundesländern wesentlich dichter mit

Großbank-Geschäftsstellen besetzt als in den alten (18.200 Einwohner pro Bankstelle in Ostdeutschland vs. 24.000 in Westdeutschland).

Bezieht man in die Analyse zusätzlich die Bankstellen der beiden bayerischen Institute ein (letzte Spalte in Tabelle 4), was insofern gerechtfertigt ist, als sich diese beiden Banken in Ostdeutschland stärker dem retail banking zuwenden als in Westdeutschland und somit deren Bankstellen in unmittelbarer Konkurrenz zu denen der Großbanken stehen, so kann man folgende Aussagen treffen:

-     In den Ortstypen A-D wird der Unterschied in der
      Bankstellendichte zwischen den alten und neuen
      Bundesländern deutlich verringert.

-     In Städten mit mehr als 50.000 Einwohnern entfallen bei
      Einbeziehung der Bankstellen der beiden bayerischen
      Institute deutlich weniger Einwohner pro Bankstelle
      (14.600) als in den alten Bundesländern.

-     Bei den Ortstypen F und G ergeben sich durch die
      Einbeziehung dieser beiden Banken nur geringfügige
      Veränderungen in der Bankstellendichte.

Anders ausgedrückt bedeuten diese Ergebnisse, daß die beiden bayerischen Institute besonders in Städten und Gemeinden mit großem und sehr großem Einwohnerpotential (alle Ortstypen mit mehr als 50.000 Einwohnern) als Konkurrenten der Großbanken in Erscheinung treten, während sie in Orten mit durchschnittlich 30.000 Einwohnern nur eine relativ geringe Präsenz aufweisen und in Orten von 10.000 - 20.000 Einwohnern nur sehr vereinzelt Bankstellen unterhalten.

Während die bisherigen Ausführungen im wesentlichen auf einer Standortanalyse der Großbanken insgesamt basierten, sollen im folgenden die Geschäftsstellen der drei Institute einzeln untersucht werden, um Vergleiche innerhalb der Großbankengruppe zu ermöglichen.

Tabelle 5 zeigt zunächst die durchschnittliche Zahl von Bankstellen pro Gemeinde/Stadt für die jeweiligen Ortstypen zum Erhebungszeitpunkt Ende 1991.

Ortstypen	Durchschnittliche Zahl von Bankstellen pro Gemeinde/Stadt Ende 1991			
	Großbanken gesamt	Deutsche Bank	Dresdner Bank	Commerz-bank
A: Berlin (Ost)	29	16	7	6
B: über 500.000 Einwohner	18	7	7,5	3,5
C: über 200.000 Einwohner	4,6	1,8	1,0	1,8
D: über 100.000 Einwohner	3,2	1,1	1,1	1,0
E: über 50.000 Einwohner	3,1	1,1	1,0	1,0
F: über 20.000 Einwohner	1,8	0,7	0,6	0,5
G: über 10.000 Einwohner	0,59	0,4	0,18	0,01

Quellen: Zweigstellenverzeichnisse; eigene Berechnungen

Tabelle 5: Durchschnittliche Zahl von Großbank-Geschäftsstellen in den neuen Bundesländern Ende 1991

Die in der ersten Spalte von Tabelle 5 angegebene durchschnittliche Zahl von Bankstellen für die drei Großbanken zusammen bestätigt die bereits getroffene Feststellung, daß - anders als in Westdeutschland - die Zahl von Bankstellen pro Gemeinde nicht in positiver Richtung mit dem Einwohnerpotential in Relation steht. Während nämlich in den alten Bundesländern die durchschnittliche Zahl von Großbank-Geschäftsstellen von einer Größenklasse zur nächst niedrigeren wesentlich abnimmt, weisen die Ortstypen D und E in Ostdeutschland trotz deutlich unterschiedlicher Einwohnerzahl nahezu die gleiche durchschnittliche Zahl von Bankstellen auf.

Diese Situation änderte sich im Laufe des Jahres 1992 wie Tabelle 6 zeigt: Da nämlich in dieser Zeitperiode das Bankstellenwachstum in Orten mit über 100.000 Einwohner mit rund 40% relativ stärker war als in solchen mit durchschnittlich 66.000 Einwohnern (+ 20%), sind in letztgenannter Kategorie nunmehr im Durchschnitt deutlich mehr Großbank-Geschäftsstellen pro Stadt/Gemeinde (4,5) als in erstgenannter Ortsklasse zu verzeichnen.

Ortstypen	Durchschnittliche Zahl von Bankstellen pro Gemeinde/Stadt Ende 1992				
	Großbanken gesamt		Deutsche Bank	Dresdner Bank	Commerz-bank
	absolute Zahl	Veränder-ung in %			
A: Berlin (Ost)	45	+ 55,2%	19	15	11
B: über 500.000 Einwohner	21,5	+ 20%	8	10	3,5
C: über 200.000 Einwohner	6,4	+ 39%	3,4	1,4	1,6
D: über 100.000 Einwohner	4,5	+ 40%	1,6	1,6	1,3
E: über 50.000 Einwohner	3,7	+ 20%	1,4	1,2	1,1
F: über 20.000 Einwohner	2,4	+ 33,3%	1,0	0,9	0,5
G: über 10.000 Einwohner	0,74	+ 25,4%	0,5	0,2	0,04

Quellen: Zweigstellenverzeichnisse; eigene Berechnungen

Tabelle 6:   Durchschnittliche Zahl von Großbank-Geschäftsstellen in den neuen Bundesländern Ende 1991

Weiterhin verdeutlicht Tabelle 6 zusammen mit den Vergleichszahlen für die alten Bundesländer, daß die durchschnittliche Zahl von Bankstellen der Großbanken in den ersten vier Ortstypen der neuen Bundesländer deutlich geringer ist als in den alten. Während dies Ende 1991 auch noch für den Ortstyp E galt, ist dieser Unterschied Ende 1992 nicht mehr zu konstatieren: In Ostdeutschland gibt es in Städten/Gemeinden dieses Ortstypes im Durchschnitt 3,7 Großbank-Geschäftsstellen, in Westdeutschland mit 3,5 sogar leicht weniger. Auch an ostdeutschen Orten über 10.000 und über 20.000 Einwohner sind die Großbanken mit durchschnittlich mehr Bankstellen vertreten als in vergleichbaren Städten/Gemeinden in Westdeutschland.

Vergleicht man nun die Zahlen für die drei Großbanken, so ergeben sich folgende Feststellungen:

(1)   Die durchschnittliche Zahl von Bankstellen der Commerzbank liegt in allen Ortstypen - außer Typ C - unter der der Deutschen und Dresdner Bank. Während die Unterschiede in Orten über 50.000 und über 100.000 relativ gering ausfallen, sind sie in Orten mit sehr großem (Berlin (Ost) und Städte über 500.000 Einwohner) und relativ geringem Bevölkerungspotential (Ortstypen F und G) deutlicher ausgeprägt. Dies gilt für 1992 in stärkerem Maße als für 1991.

(2)   Für die Ortstypen D-F sind nur geringe Unterschiede zwischen der durchschnittlichen Zahl von Bankstellen der Deutschen und Dresdner Bank festzustellen. Da dieses Ergebnis zu beiden Erhebungszeitpunkten zutage trat, im Laufe des Jahres 1992 sich die absolute Zahl von Bankstellen an diesen Orten jedoch erhöhte, kann daraus geschlossen werden, daß die Bankstellenexpansion der beiden Institute an diesen Orten nahezu "parallel" verlief.

(3)   An Orten über 200.000 Einwohnern (Ortstyp C) und an solchen mit über 10.000 (Ortstyp G) unterhält die Deutsche

Bank mehr Geschäftsstellen als die beiden anderen Institute zusammen. Während dies in Städten des Ortstyps G bereits Ende 1991 galt, erreichte die Deutsche Bank diese Position in Orten mit mehr als 200.000 Einwohnern erst im Jahre 1992. Dies zeigt, daß der Ortstyp C ein relativer Schwerpunkt der Bankstellenexpansion im Jahre 1992 darstellte.

(4)   In Orten über 500.000 Einwohnern hat die Dresdner Bank ihre Präsenz im Laufe des Jahres 1992 deutlich erhöht und ist dort nunmehr mit durchschnittlich 2 Bankstellen pro Ort stärker vertreten als die Deutsche Bank.

(5)   In Ost-Berlin war die Deutsche Bank 1991 mit wesentlich mehr Bankstellen präsent als die beiden übrigen Institute. Da die Dresdner Bank und die Commerzbank 1992 jedoch mehr neue Geschäftsstellen an diesem Standort eröffneten als die Deutsche Bank, reduzierte sich deren "Vorsprung".

Diese Ergebnisse werden im wesentlichen durch die Analyse der prozentualen Verteilung der Geschäftsstellen der drei Großbanken auf die einzelnen Ortstypen bestätigt (Tabelle 6). Während sich in den alten Bundesländern etwa 50% der Großbank-Geschäftsstellen in Städten über 200.000 Einwohner (Ortstypen A-C) befinden, sind es in den neuen Bundesländern nur 22% (1991) bzw. 23,6% (1992), obwohl dort 36,6% der Bevölkerung leben. Des weiteren zeigt Tabelle 6, daß Städte der Ortstypen E und F einen Schwerpunkt der bisherigen Expansion der Großbanken bildeten. Hier befinden sich 51,4% (1992) der Großbank-Geschäftsstellen, während nur 38,3% der Gesamtbevölkerung auf sie entfallen.

Besondere Beachtung verdient schließlich die Tatsache, daß immerhin 3,5% (1992) bzw. 4,5% (1991) der Bankstellen in Orten mit weniger als 10.000 Einwohner unterhalten werden, während die Großbanken in vergleichbaren Orten Westdeutschlands gar nicht vertreten sind.

Ortstypen	Einwohner in % der Gesamtbevölkerung	Großbanken gesamt	Deutsche Bank	Dresdner Bank	Commerzbank
A: Berlin (Ost)	13,0%	8,8% (7,3)	8,2% (9,2)	8,4% (5,2)	11,2% (6,6)
B: über 500.000 Einwohner	10,5%	8,5% (9,0)	6,9% (8,0)	11,2% (11,2)	7,1% (7,7)
C: über 200.000 Einwohner	13,1%	6,3% (5,7)	7,4% (5,2)	3,9% (3,7)	8,2% (9,9)
D: über 100.000 Einwohner	8,7%	6,1% (5,7)	4,8% (4,6)	6,1% (5,8)	9,2% (7,7)
E: über 50.000 Einwohner	13,3%	14,2% (15,5)	12,1% (12,0)	12,9% (14,9)	21,4% (22,0)
F: über 20.000 Einwohner	25,0%	37,2% (37,0)	34,2% (33,0)	40,2% (37,0)	38,8% (45,0)
G: über 10.000 Einwohner	14,8	15,4% (15,4)	22,5% (24,0)	12,3% (14,0)	4,1% (1,1)
H: unter 10.000 Einwohner	1,6%	3,5% (4,5)	3,9% (4,0)	5,0% (8,2)	0,0% (0,0)

Quellen: Zweigstellenverzeichnisse; eigene Berechnungen

Tabelle 7: Prozentuale Verteilung der Großbank-Geschäftsstellen auf einzelne Ortstypen

Analysiert man diese Standorte detaillierter, so wird deutlich, daß diese Geschäftsstellen ausschließlich von der Deutschen und Dresdner Bank besetzt sind; die Commerzbank ist an Orten mit weniger als 10.000 Einwohnern gar nicht vertreten. Berücksichtigt man weiterhin, daß es sich bei diesen Standorten nahezu ausschließlich um ehemalige Zweigstellen der Deutschen Kreditbank AG handelt, so belegen die empirischen Ergebnisse die bereits unter 5.1.1. theoretisch abgeleitete These, daß durch die Übernahme von Kreditbank-Filialen "im Paket" auch weniger attraktive Standorte in das Bankstellen-Portfolio der Deutschen und Dresdner Bank aufgenommen werden mußten.

Abschließend bleibt festzuhalten, daß gerade die starke Präsenz der Großbanken in Orten mit mittlerem und geringem Einwohnerpotential (Ortstypen F,G und H) einen bedeutenden Unterschied zur Struktur des Bankstellennetzes dieser Institute in den alten Bundesländern ausmacht. Dies erscheint im Hinblick auf die Rentabilität dieser Geschäftsstellen nicht unproblematisch: Denn zum einen ist an solchen Orten das Kundenpotential relativ gering und zum anderen die Konkurrenzdruck durch die Sparkassen vergleichsweise hoch, da deren Bankstellennetz in solchen Städten und Gemeinden sehr dicht ist (siehe Tabelle 3).

Da Ende 1992 rund 60% der Bankstellen der Deutschen Bank und 57,5% der Geschäftsstellen der Dresdner Bank, jedoch nur etwa 43% der Commerzbank-Geschäftsstellen auf diese Orte enfielen, sind die ersten beiden Institute von der dargelegten Problematik in stärkerem Maße betroffen als die Commerzbank.

5.2.3.4. Standortanalyse nach Bundesländern

In den Tabellen 8 und 9 sind die wesentlichen Ergebnisse der Standortanalyse der Großbanken-Geschäftsstellenetze nach Bundesländern zusammengefaßt. Dabei sollen die Angaben in den Spalten "Einwohner" und "Industriebeschäftigte" einen Hinweis auf die relative ökonomische Bedeutung der einzelnen Länder geben. Die Bankstellen in Ost-Berlin und in Gemeinden mit weniger als 10.000 Einwohner wurden nicht in der Untersuchung berücksichtigt.

Tabelle 8 verdeutlicht, daß Ende 1991 die Verteilung der Großbank-Geschäftsstellen im wesentlichen der relativen Größe des Einwohnerpotentials und der relativen ökonomischen Bedeutung der einzelnen ostdeutschen Bundesländer entsprach. Sachsen, das bevölkerungsreichste und wirtschaftlich wichtigste Land, weist die meisten Großbank-Geschäftsstellen auf, während auf Mecklenburg-Vorpommern, das Land mit den wenigsten Einwohnern und Industriebeschäftigten, mit 13,1% die wenigsten Bankstellen entfallen.

Bundes-land	Einwohner in %	Industrie-beschäftigte in%	Prozentuale Verteilung der Großbanken-Geschäftsstellen				Bank-stellendichte (Einwohner pro Großbank-Geschäftsstelle)
			Dt. B	Dr.B.	Co.B	gesamt	
Sachsen	32,3%	37,6%	29,8%	35,3%	31,8%	32,1%	42.566
Sachsen-Anhalt	19,5%	20,3%	17,2%	20,7%	22,4%	19,6%	42.028
Thüringen	17,7%	19,9%	16,6%	15,5%	20,1%	17,0%	44.000
Branden-burg	17,5%	14,6%	18,5%	18,9%	16,5%	18,2%	40.625
Mecklen-burg-Vor-pommern	13,0%	7,6%	17,9%	9,6%	9,4%	13,1%	42.174

Quellen: Geschäftsstellenverzeichnisse; eigene Berechnungen

Tabelle 8:   Ergebnisse der Standortanalyse nach Bundesländern (Ende 1991)

Lediglich Brandenburg nimmt eine gewisse Sonderstellung ein: Obwohl das Bevölkerungspotential nahe bei dem Thüringens liegt und die Zahl der Industriebeschäftigten deutlich geringer als die für Thüringen ist, entfallen prozentual mehr Großbank-Geschäftsstellen auf Brandenburg. Ein möglicher Erklärungsansatz hierfür kann in der durch die Nähe von Brandenburg zu dem ökonomischen und politischen Zentrum Berlin bedingten Erwartung eines schnellen und bedeutenden wirtschaftlichen Aufschwungs in Brandenburg gesehen werden.

Da die prozentuale Verteilung der Großbank-Geschäftsstellen im wesentlichen auf die jeweiligen Bevölkerungszahlen zurückgeführt werden kann, überrascht es nicht, daß sich die Unterschiede in der Bankstellendichte zwischen den einzelnen Ländern in engen Grenzen halten. Die größte Abweichung vom Mittelwert (42.279) nach oben und unten beträgt rund 4% (Thüringen bzw. Brandenburg). Im Vergleich zu den alten Bundesländern, wo das Saarland mit 1:30.900 die geringste Netzdichte aufweist, ergeben sich jedoch noch beträchtliche Unterschiede hinsichtlich der Bankstellendichte der Großbanken.

Innerhalb der Großbanken-Gruppe lassen sich gewisse regionale Schwerpunkte ausmachen. Während die Dresdner Bank in Sachsen prozentual deutlich mehr Bankstellen unterhält als die drei Institute im Durchschnitt, trifft dies bei der Commerzbank insbesondere auf Thüringen zu und bei der Deutschen Bank auf Mecklenburg-Vorpommern.

Vergleicht man diese Ergebnisse mit denen der Analyse Ende 1992, so sind folgende Tendenzen zu konstatieren:

(1) Die prozentuale Verteilung der Großbank-Geschäftsstellen auf die einzelnen Bundesländer kann weiterhin im wesentlichen auf deren Bevölkerungspotential und Industriebeschäftigtenzahl zurückgeführt werden, wobei allerdings auch Ende 1992 die "Sonderstellung" Brandenburgs deutlich wird. Diese hat sich sogar noch verstärkt, da der Unterschied zu Thüringen nunmehr 4,4 Prozentpunkte beträgt, während er Ende 1991 bei lediglich 1,2 Prozentpunkten lag.

(2) Die Zahl der Einwohner pro Großbank-Geschäftsstelle hat deutlich abgenommen, was auf die weitere Bankstellenexpansion der Großbanken im Laufe des Jahres 1992 zurückzuführen ist. Allerdings haben die Abweichungen vom Mittelwert (33.897) mit 13% nach oben (Thüringen) und 13,8% nach unten (Brandenburg) deutlich zugenommen.

Dies resultiert vorrangig aus der vergleichsweise
(insbesondere im Vergleich) zu Thüringen starken Zunahme
von Bankstellen in Brandenburg in 1992.

Bundes-land	Einwohner in %	Industriebe-schäftigte in %	Prozentuale Verteilung der Großbanken-Geschäftsstellen				Bank-stellendichte (Einwohner pro Großbank-Geschäftsstelle)
			Dt. B	Dr.B.	Co.B	gesamt	
Sachsen	32,3%	37,6%	33,0%	35,5%	26,4%	32,4%	33.403
Sachsen-Anhalt	19,5%	20,3%	19,2%	18,7%	21,8%	19,6%	33.333
Thüringen	17,7%	19,9%	14,3%	14,8%	19,6%	15,6%	38.261
Branden-burg	17,5%	14,6%	17,2%	22,6%	21,8%	20,0%	29.213
Mecklen-burg-Vor-pommern	13,0%	7,6%	16,3%	8,4%	10,4%	12,4%	35.273

Quellen: Geschäftsstellenverzeichnisse; eigene Berechnungen

*Tabelle 9: Ergebnisse der Standortanalyse nach Bundesländern
(Ende 1992)*

(3) Die Unterschiede in der Bankstellendichte der Großbanken
zwischen den alten und neuen Bundesländern haben sich
deutlich verringert. Betrug die Differenz zwischen der
durchschnittlichen Bankstellendichte der Flächenstaaten in
Ost-und Westdeutschland Ende 1991 noch rund 24.583, so
hat sich dieser Wert bis Ende 1992 um mehr als 60% auf

9.272 verringert. Dies ist ein weiterer empirischer Beleg für das enorme Tempo des Bankstellenwachstums in den neuen Ländern.

(4)   Hinsichtlich der regionalen Schwerpunkte der einzelnen Institute ist von Bedeutung, daß die Dresdner Bank ihren "Vorsprung" in Sachsen zum Teil eingebüßt hat, jedoch in Brandenburg nun prozentual deutlich mehr Zweigstellen unterhält als die drei Institute im Durchschnitt.

5.2.3.5. Analyse des Großbanken-Konkurrenzdruckes

Um die Konkurrenzsituation innerhalb der Großbanken-Gruppe an den verschiedenen Standorten zu analysieren, wurden zwei Untersuchungen durchgeführt:

(1)   Eine Untersuchung der **Wettbewerbsintensität,** deren Ziel darin bestand zu zeigen, an wievielen Orten ein Institut alleine bzw. mit einem anderen oder gar mit den beiden anderen zusammen vertreten ist, um daraus Rückschlüsse auf die Wettbewerbsintensität unter den drei Großbanken an verschiedenen Standorten ziehen zu können.

(2)   Eine Analyse aller mittelgroßen Städte (zwischen 20.000 und 100.000 Einwohner) bezüglich der Fragestellung, wieviele von ihnen noch unbesetzt sind.

Die Tabellen 10 und 11 geben die wesentlichen Ergebnisse der ersten Analyse - getrennt nach den zwei Erhebungszeitpunkten - wieder.

Ende 1991 Anzahl	Deutsche Bank		Dresdner Bank		Commerzbank		Insgesamt	
	Plätze	Geschst.	Plätze	Geschst.	Plätze	Geschst.	Plätze	Geschst.
Alleine	60	61	39	39	0	0	99	100
Zwei Institute	23	23	16	16	19	19	29	58
Drei Institute	58	90	58	79	58	72	58	241
Insgesamt	141	174	113	134	77	91	187	399

Quellen: Geschäftsstellenverzeichnisse; eigene Berechnungen

Tabelle 10: Wettbewerbsintensität von Großbank-Geschäftsstellen in den neuen Ländern (Ende 1991)

Zunächst dokumentieren die Ergebnisse der Analyse (siehe Tabelle 10) die Vorteile der First-mover, Deutsche und Dresdner Bank. Die Deutsche Bank war Ende 1991 an immerhin 60 Plätzen keinem Wettbewerb mit einer anderen Großbank ausgesetzt (42,6% der gesamten Plätze, an denen sie vertreten war) und an 23 Plätzen (16,3%) nur mäßigem Wettbewerbsdruck. Die Dresdner Bank war immerhin noch an 39 alleine vertreten (34,5%) und an 16 Plätzen zusammen mit einer anderen Großbank. Alle Zweigstellen der Commerzbank hingegen mußten sich gegen mindestens einen Großbank-Konkurrenten durchsetzen.

Dieses Ergebnis muß jedoch in zweifacher Hinsicht relativiert werden. Zum einen sind die Orte, an denen die Deutsche bzw. die Dresdner Bank Ende 1991 alleine vertreten waren, überwiegend Gemeinden mit unter

20.000 Einwohnern[222], zum anderen ändert sich das Resultat, wenn man nicht nur die Plätze, sondern die Geschäftsstellen betrachtet. Dann ist die Deutsche Bank nur noch in 48,3% aller Fälle keinem oder nur mäßigem Wettbewerbsdruck ausgesetzt und die Dresdner Bank in 41,0% aller Fälle.

Auch ein Vergleich mit der Situation in den alten Bundesländern zeigt, daß die Wettbewerbsintensität in den neuen Bundesländern zwischen den Großbanken schon relativ hoch ist. In den alten Bundesländern ist die Deutsche Bank nämlich an 48,6% der Plätze (vs. 41,1% in den neuen Ländern) zusammen mit den beiden anderen Instituten vertreten, die Dresdner Bank an 58% der Plätze (vs. 51,3%) und die Commerzbank an 62,8% der Orte (vs. 75,3%).

Betrachtet man nun die Ergebnisse der Analyse der Wettbewerbsintensität Ende 1992 (Tabelle 11), so wird deutlich, daß sich der Konkurrenzdruck innerhalb der Großbanken-Gruppe im Laufe des Jahres 1992 merklich erhöht hat. Waren nämlich noch Ende 1991 25,1% aller Großbank-Geschäftsstellen keinem Wettbewerbsdruck ausgesetzt, so gilt dies Ende 1992 nur noch für 16,7% der Bankstellen. 83,3% aller Großbank-Geschäftsstellen konkurrierten Ende 1992 an einem bestimmten Standort mit mindestens einer Bankstelle der anderen beiden Institute, wohingegen dies Ende 1991 auf 74,9% zutraf.

Die absolute Anzahl der Geschäftsstellen der Deutschen Bank, die keinem Wettbewerbsdruck ausgesetzt waren, hat im Laufe des Jahres 1992 leicht abgenommen; bei der Dresdner Bank ist hingegen ein weitaus deutlicherer Rückgang in der Zahl solcher Bankstellen zu verzeichnen. Betrachtet man nicht die absoluten Veränderungen, sondern die Entwicklung des prozentualen Anteils der Bankstellen ohne Großbank-Konkurrenz an der Gesamtzahl der Bankstellen eines Instituts, so zeigt sich, daß auch die präsumptiven Vorteile, die sich aus der First-mover Strategie der Deutschen Bank noch Ende 1991 ergaben, im Laufe des Jahres 1992 zurückgegangen sind. Waren nämlich Ende 1991 35,1% der

---

222   Bei der Deutschen Bank sind es 42 von 60 (= 70%), bei der Dresdner Bank 29 von 39 (= 74,4%)

Geschäftsstellen der Deutschen Bank keinem Wettbewerb mit einer anderen Großbank unmittelbar ausgesetzt, so waren es Ende 1992 nur noch 25,5%.

Ende 1992	Deutsche Bank		Dresdner Bank		Commerzbank		Insgesamt	
Anzahl	Plätze	Geschst	Plätze	Geschst.	Plätze	Geschst.	Plätze	Geschst.
Alleine	59	59	24	24	2	2	85	85
Zwei Institute	43	43	41	41	2	2	43	86
Drei Institute	73	129	73	114	73	94	73	337
Insgesamt	175	231	138	179	77	98	201	508

Quellen: Geschäftsstellenverzeichnisse; eigene Berechnungen

Tabelle 11: Wettbewerbsintensität von Großbank-Geschäftsstellen in den neuen Ländern (Ende 1992)

Eine interessante Entwicklung ist im Geschäftsstellennetz der Commerzbank festzustellen. Während Ende 1991 alle Bankstellen dieses Instituts mit mindestens einer Bankstelle der beiden übrigen Großbanken an dem jeweiligen Standort konkurrieren mußten, waren Ende 1992 immerhin 2 Bankstellen keinem Wettbewerb ausgesetzt. Da es sich hierbei allerdings in beiden Fällen um Standorte zwischen 10.000 und 20.000 Einwohner handelt, dürfte diese Tatsache eine nur geringe Bedeutung im Hinblick auf den Gesamterfolg der Commerzbank in den neuen Ländern haben.

Schließlich ist festzuhalten, daß sich die regionalen (zwischen Ost- und Westdeutschland) Unterschiede in der Wettbewerbsintensität zwischen den Großbanken im Laufe des Jahres 1992 weiter reduziert haben.

Die zweite Untersuchung, deren Ziel in der Ermittlung der von den Großbanken unbesetzten Städte in den neuen Ländern bestand, zeigte, daß in allen 15 Städten mit mehr als 100.000 Einwohnern jede der drei Großbanken bereits Ende 1991 vertreten war, genau wie in Westdeutschland. Das gleiche Resultat ergab sich auch für die Städte von 50.000 bis 100.000 Einwohnern mit Ausnahme der Stadt Halle-Neustadt, wo die Dresdner Bank Ende 1991 noch nicht vertreten war.

In 85% der Städte der Klasse zwischen 40.000 und 50.000 Einwohnern existierten zum ersten Erhebungszeitpunkt bereits Bankstellen aller drei Großbanken, während dies nur auf 17,4% der Städte zwischen 20.000 und 40.000 Einwohner zutrifft.

Insgesamt gab es Ende 1991 in 42,2% der Städte zwischen 20.000 und 100.000 Einwohner jeweils (mindestens) eine Geschäftsstelle von jeder der drei Großbanken. Berücksichtigt man, daß sich die entsprechende Vergleichszahl für die alten Bundesländer auf 50% beläuft, so wird erneut deutlich, wie rasant die Expansion in den neuen Bundesländern von den betrachteten Instituten bereits bis Ende 1991 betrieben wurde und wie stark zu diesem Zeitpunkt bereits der Konkurrenzdruck war.

Daß sich diese Entwicklung im Laufe des Jahres 1992 weiter fortsetzte, ist anhand von Tabelle 12 ersichtlich. Während es nämlich Ende 1991 in etwa 42,2% der betrachteten Städte jeweils (mindestens) eine Bankstelle von jeder der drei Großbanken gab, galt dies Ende 1992 bereits für 53% aller Städte. Damit existieren in Ostdeutschland prozentual mehr Orte zwischen 20.000 und 100.000 Einwohner, an denen alle drei Institute eine Bankstelle unterhalten als in Westdeutschland.

Ortstypen (Tsd. Einwohner)	Deutsche Bank			Dresdner Bank			Commerzbank			Von allen drei unbesetzt
	2*	1*	0*	2*	1*	0*	2*	1*	0*	
60-100	-	-	-	-	-	-	-	-	-	-
50-60	-	-	-	-	-	-	-	-	-	-
40-50	-	-	-	-	1	-	3	1	-	-
30-40	-	-	-	-	-	-	5	-	-	-
20-30	-	2	1	-	8	1	22	10	1	1
	-	2	1	-	9	1	30	11	1	
jeweilige Gesamtzahl		3			10			42		1

* Ortsunterteilung nach solchen Städten, an denen schon "2" Großbank-Konkurrenten oder "1" oder noch keiner ("0") vertreten ist.

Quellen: Geschäftsstellenverzeichnisse; eigene Berechnungen

Tabelle 12: Von Großbanken unbesetzte, mittelgroße Städte in den neuen Bundesländern

Zu einer ähnlichen Einschätzung gelangt man auch, wenn man die Zahl der von allen drei Großbanken unbesetzten Orte vergleicht. Während in Westdeutschland immerhin 27 Orte (= 6,4%) von keiner Großbank besetzt sind, trifft dies Ende 1992 in den neuen Bundesländern lediglich auf einen der betrachteten Orte zu (= rund 1%); Ende 1991 waren es hingegen noch 8 Orte (= 7,8%).

Fazit:

Die obige Analyse zeigt, daß sich bereits jetzt, nach rund zweieinhalb Jahren, das Bankstellennetz der Großbanken in den neuen Bundesländern sehr stark analog zu dem in den alten Bundesländern hinsichtlich Netzdichte und Wettbewerbsintensität entwickelt hat.

Der Wettbewerbsdruck innerhalb der Großbanken-Gruppe ist sogar in den neuen Bundesländern eher stärker als in den alten, insbesondere unter Berücksichtigung der Tatsache, daß die Marktpotentiale an den einzelnen Standorten in Ostdeutschland noch wesentlich geringer sind als an vergleichbaren Orten Westdeutschlands.

Weiterhin zeigte sich, daß insbesondere Städte und Gemeinden zwischen 10.000 und 50.000 Einwohner in den neuen Bundesländern bereits dichter mit Großbank-Geschäftsstellen besetzt sind als die entsprechenden Orte in den alten Bundesländern. Ebenso deutet die Übernahme von Bankstellen an Orten unter 10.000 Einwohnern durch die Deutsche und die Dresdner Bank darauf hin, daß bei weiterer Expansion das gesamte Gebiet der neuen Bundesländer recht bald eine höhere Bankstellendichte der Großbanken aufweisen dürfte als die westdeutschen Bundesländer.

Berücksichtigt man dabei, daß in den alten Bundesländern nicht alle Bankstellen rentabel arbeiten und aus betriebswirtschaftlicher Sicht wenig gegen die Schließung solcher Geschäftsstellen spricht, so scheint die Bankstellenexpansion in den neuen Ländern aus theoretischer Sicht übertrieben zu werden (bzw. worden zu sein). Die Parallele zu den Fehlern, die während der Expansionsphase in den alten Bundesländern begangen wurden, wird deutlich. Hiervon sind insbesondere die Deutsche und in geringerem Maße die Dresdner Bank betroffen, die durch die Übernahme zahlreicher Bankstellen der Deutschen Kreditbank AG und durch den zusätzlichen Aufbau einer wesentlichen Zahl eigener Geschäftsstellen vollendete Tatsachen geschaffen haben, wohingegen die eher "vorsichtige" Vorgehensweise der Commerzbank deren Entscheidungsspielraum und Anpassungsfähigkeit erhalten hat.

5.3.   Bewertung anhand von ersten Ergebnissen

Im folgenden wird eine Beurteilung der Strategien der Banken anhand von ersten Ergebnissen vorgenommen. Dabei wird zunächst die Entwicklung der Marktanteile der verschiedenen **Institutsgruppen** analysiert, bevor eine Untersuchung der Ergebnisse (Volumen, Marktanteile, Produktivitätskennzahlen) innerhalb der Großbankengruppe erfolgt.

5.3.1.   Marktanteilsentwicklung der verschiedenen Bankgruppen

Die nachfolgende Untersuchung der Marktanteilsentwicklung verschiedener Institutsgruppen in den neuen Bundesländern konzentriert sich auf zwei Kernbereiche des Bankgeschäfts, nämlich:

- das Kreditgeschäft

- das Einlagengeschäft

Für jede dieser beiden Bereiche werden vier Institutsgruppen und deren Marktanteilsentwicklung untersucht: die Kreditbanken, die Sparkassen, die Kreditgenossenschaften und die sonstigen Kreditinstitute. Diese Unterteilung entspricht derjenigen der Bundesbankstatistik.

Entwicklung der Marktanteile im Kreditgeschäft (nur mit inländischen Nichtbanken)				
Jahr	Kreditbanken	Sparkassen	Kreditgen.	Sonstige
gesamt				
Dez. 1990	81,7%	6,5%	4,6%	7,2%
Dez. 1991	73,9%	11,5%	4,8%	9,8%
Sept. 1992	46,4%	33,9%	13,4%	6,3%
kurzfristige Kredite				
Dez. 1990	85,4%	1,6%	4,0%	9,0%
Dez. 1991	85,6%	7,1%	3,7%	3,6%
Sept. 1992	64,3%	19,5%	8,3%	7,9%
mittelfristige Kredite				
Dez. 1990	55,2%	29,8%	12,8%	2,2%
Dez. 1991	15,1%	11,1%	3,2%	7,6%
Sept. 1992	49,7%	33,1%	9,3%	7,9%
langfristige Kredite				
Dez. 1990	79,5%	10,1%	4,7%	5,7%
Dez. 1991	77,7%	15,3%	6,1%	0,9%
Sept. 1992	28,9%	47,5%	18,9%	4,7%

Quellen: Deutsche Bundesbank; eigene Berechnungen

Tabelle 13: Marktanteilsentwicklung im Kreditgeschäft

Betrachtet man zunächt die Marktanteilsanalyse im Kreditgeschäft (Tabelle 13), so werden folgende Tendenzen deutlich:

(1) Während Ende 1990 die Kreditbanken noch die überragende Stellung im Kreditgeschäft, die sie traditionell in dem Bankensystem der ehemaligen DDR gehabt hatten, behaupten konnten, ist ihr Marktanteil bis September 1992 deutlich zurückgegangen.[223]

(2) Den Marktanteilsverlusten der Kreditbanken stehen bedeutende Marktanteilszuwächse der Sparkassen gegenüber. Offensichtlich waren die Mitglieder dieser Institutsgruppe in der Lage, die anfänglichen komparativen Wettbewerbsnachteile im Firmenkundengeschäft (mangelndes Know-how; sehr wenige Firmenkundenkontakte aus DDR-Zeiten) zu überwinden.

(3) Auch die Kreditgenossenschaften konnten ihren Marktanteil wesentlich steigern, liegen aber deutlich hinter den Kreditbanken und Sparkassen. Die sonstigen Kreditinstitute haben im September 1992 nur einen sehr geringen Marktanteil im Kreditgeschäft, der gegenüber Dezember 1990 sogar leicht gesunken ist.

(4) Bei den kurz- und mittelfristigen Krediten weisen die Kreditbanken im September 1992 einen höheren Marktanteil als im gesamten Kreditgeschäft auf, während dies bei den Sparkassen und Kreditgenossenschaften für die langfristigen Kredite gilt. In diesem Bereich haben die Kreditbanken den deutlichsten Marktanteilsrückgang zu verzeichnen.

Die Entwicklung der Marktanteile der verschiedenen Institutsgruppen im Einlagengeschäft ist in Tabelle 14 dargestellt, wobei neben dem Gesamtmarkt auch eine Einzelbetrachtung der Sicht-, Termin- und Spareinlagen wiedergegeben ist.

---

[223] Dabei ist allerdings zu berücksichtigen, daß ab Dezember 1991 die Staatsbank der DDR und die Kreditbank AG nicht mehr in der Statistik berücksichtigt wurden.

Entwicklung der Marktanteile im Einlagengeschäft (nur mit inländischen Nichtbanken/ohne öffentliche Haushalte)				
Jahr	Kreditbanken	Sparkassen	Kreditgen.	Sonstige
gesamt				
Dez. 1990	26,6%	57,3%	15,4%	0,7%
Dez. 1991	22,6%	60,1%	16,4%	0,9%
Sept. 1992	21,2%	61,1%	17,4%	0,3%
Sicht-einlagen				
Dez. 1990	36,8%	46,0%	15,9%	1,8%
Dez. 1991	26,7%	54,5%	16,8%	2,0%
Sept. 1992	22,8%	59,3%	17,8%	0,6%
Termin-einlagen				
Dez. 1990	57,0%	20,4%	21,6%	1,0%
Dez. 1991	38,5%	36,2%	24,6%	0,7%
Sept. 1992	31,0%	42,4%	26,1%	0,5%
Spareinlagen				
Dez. 1990	7,2%	80,7%	12,1%	0,0%
Dez. 1991	11,9%	77,5%	10,6%	0,0%
Sept. 1992	15,0%	74,8%	10,2%	0,0%

Quellen: Deutsche Bundesbank; eigene Berechnungen

Tabelle 14: Marktanteilsentwicklung im Einlagengeschäft

Zunächst verdeutlicht Tabelle 14, daß die Sparkassen ihre traditionell starke Stellung im Einlagengeschäft von Ende 1990 bis September 1992 behaupten konnten; ihr Marktanteil in diesem Bereich ist während des Beobachtungszeitraumes sogar leicht - genau wie derjenige der Kreditgenossenschaften - angestiegen, während bei den Kreditbanken geringfügige Marktanteilsrückgänge zu verzeichnen sind. Dies zeigt, daß es diesen Instituten bisher nicht gelungen ist, bedeutende Volumina im Einlagengeschäft von den Sparkassen "abzuziehen". Offensichtlich sind die meisten Kunden der Sparkassen -zumindestens im Einlagengeschäft- dieser Institutsgruppe auch nach der ökonomischen Wende treu geblieben.

Einen besonders hohen Marktanteil weisen die Sparkassen bei den Spareinlagen auf. Hier mußten sie zwar leichte Marktanteilsverluste gegenüber 1990 hinnehmen, sind jedoch immer noch mit weitem Abstand Marktführer. Von diesem Marktanteilsrückgang der Sparkassen profitierten hauptsächlich die Kreditbanken, die ihren Marktanteil in diesem Teilmarkt mehr als verdoppeln konnten. Bei den Sparbriefen hingegen konnte die Sparkassenorganisation ihre herausragende Stellung von Dezember 1990 (54,8%) bis September 1992 (60,4%) weiter ausbauen. Sowohl die Kreditbanken als auch die Genossenschaftsbanken hatten in diesem Marktsegment leichte Rückgänge hinzunehmen (-1,4 Prozentpunkte bei den Kreditbanken bzw. -4,2 Prozentpunkte bei den Kreditgenossenschaften).

Obwohl auch in den Segmenten "Sichteinlagen" und "Termineinlagen" die Sparkassen ihren Marktanteilsvorsprung vor den anderen Institutsgruppen ausbauen konnten, sind diese Unterschiede jedoch wesentlich geringer als im Spareinlagengeschäft. Während im letztgenannten Segment die Differenz zwischen dem Marktanteil der Sparkassen und demjenigen des nächst stärkeren Wettbewerber 59,8 Prozentpunkte beträgt, sind es bei den Sichteinlagen lediglich 36,5% und bei den Termineinlagen nur 11,4%.

5.3.2. Ergebnisvergleiche innerhalb der Großbankengruppe

Im folgenden wird eine Beurteilung der Strategien der drei Großbanken aufgrund von ersten Ergebnissen des Geschäfts in Ostdeutschland vorgenommen. Als Untersuchungszeitraum wurde dabei das erste Jahr der Geschäftstätigkeit der Großbanken in den neuen Bundesländern gewählt, da für diese Periode die Ergebniskennzahlen am besten und am differenziertesten dokumentiert sind.

Im ersten Teil der Untersuchung Volumen-Kennzahlen präsentiert, mit deren Hilfe dann im zweiten Abschnitt eine Marktanteils-Analyse durchgeführt wird, bevor schließlich die erzielten Ergebnisse in Form von Produktivitätskennzahlen in Relation zu den eingesetzten Ressourcen gesetzt werden. Die Betrachtung der Größen "Rentabilität" bzw. "Gewinn", denen innerhalb der Taxonomie von Unternehmenszielen (auch für Banken) eine entscheidende Bedeutung zukommt[224] und die die einzig theorierelevanten Ziele sind[225], kann aufgrund von fehlenden Daten nicht erfolgen.

5.3.2.1. Geschäftsvolumina der Großbanken[226]

In der Literatur des Bankmanagements wird vielfach Unternehmenswachstum als ein monetäres Ziel von Bankbetrieben angeführt, wobei die Messung dieser Größe anhand von Volumen-Kennzahlen erfolgt (etwa Wachstum des Geschäftsvolumens).[227] Da die Großbanken das Ziel verfolgen, durch eine Erschließung und Penetration des Marktes "neue Bundesländer" zu wachsen, erscheint eine Beurteilung der Strategien anhand von Volumen-Kennziffern sinnvoll und angebracht.

Tabelle 15 zeigt die wichtigsten Kennzahlen für die drei Institute.

---

224   Vgl. Priewasser (1982), S. 123f.; vgl. auch Büschgen (1979), S. 24
225   Vgl. Schmidt (1989), S. 32
226   Im folgenden wird nur das Geschäft mit Nichtbanken betrachtet.
227   Vgl. Priewasser (1982), S. 123; vgl. auch Eilenberger (1982), S. 303

Kennzahl	Deutsche Bank	Dresdner Bank	Commerzbank	zusammen
Kundenzahl	625.000	600.000	150.000	1.375.000
davon Firmenkunden	25.000	22.000	5.000	52.000
Kundengeschäftsvolumen (Mrd. DM)**	23,0	21,3	5,0	49,3
Einlagenvolumen (Mrd. DM)	13,4	13,1	3,0	29,5
davon Spareinlagen	2,8	2,2	0,6	5,6
Kreditvolumen (Mrd. DM)	9,6	8,2	2,0	19,8
davon auf eigenes Risiko	2,0	1,5	0,7	4,2
Anzahl Depots	75.000	95.000	10.000*	285.000

* Diese Zahl wurde aufgrund einer Angabe für November 1990 (7400) extrapoliert.
** Das Kundengeschäftsvolumen ist definiert als Summe aus Kredit-und Einlagenvolumen.
Vgl. hierzu: o.V.: Geschäftsvolumen, in: Schierenbeck, H. (Hrsg.): Bank-und Versicherungslexikon, München, Wien, 1990, S. 304

Quellen: o.V.: Die deutschen Geschäftsbanken blicken gestärkt auf eine Zukunft mit wachsenden Risiken, in: FAZ, 16.4.1991, o.S.; o.V.: In Ostdeutschland höhere Marktanteile angestrebt, in: Handelsblatt, 24.5.1991, o.S.; o.V.: Commerzbank nutzt Ertragskraft zur Stärkung der Risikovorsorge, in: FAZ, 11.4.1991, o.S.; o.V.: Teilergebnis wächst schneller als im letzten Jahr, in: Handelsblatt, 27.5.1991, o.S.; Kopper, H.: Rede anläßlich der Hauptversammlung der Deutschen Bank AG, Hamburg, 23.Mai 1991, S.20

Tabelle 15: Geschäftsvolumina der Großbanken in den neuen Ländern (Mitte 1991)

Hierbei wird zunächst deutlich, daß die Ergebnisse der Deutschen und Dresdner Bank bei allen Kennzahlen eng beieinander liegen, obwohl die Dresdner Bank zum Erhebungszeitpunkt rund 45 Zweigstellen weniger als die Deutsche Bank unterhielt.

Lediglich bei den Firmenkunden besteht ein größerer Abstand zwischen den beiden Instituten. Die Commerzbank hingegen liegt weit hinter den beiden anderen Unternehmen zurück; sie weist in den Kategorien "Kundenzahl", "Kundengeschäftsvolumen", "Einlagenvolumen" und

"Kreditvolumen" jeweils nur rund ein Viertel des Volumens der beiden anderen Institute auf. Bei der Zahl der Firmenkunden ist die Differenz besonders groß (5.000 vs. 22.000 bzw. 25.000), was wohl darauf zurückzuführen sein dürfte, daß sowohl die Deutsche als auch die Dresdner Bank hier von noch bestehenden Firmenkundenkontakten zur Deutschen Kreditbank profitierten.

Beim Einlagengeschäft fällt auf, daß bei den Großbanken im Durchschnitt nur rund 20% aller Einlagen als Spareinlagen gehalten werden, während es bei allen Bankgruppen zusammen rund 40% sind und bei den Sparkassen sogar 55%[228]. Des weiteren scheint interessant, daß bei den drei westlichen Instituten das Kundengeschäftsvolumen zu 60% von der Einlagenseite bestimmt wird, während es bei allen Bankgruppen zusammen nur rund 40% sind[229].

Im Kreditgeschäft (rund 40% des Kundengeschäftsvolumens der drei Großbanken) spielen insbesondere bei der Deutschen und Dresdner Bank mit 80 bzw. 82% des gesamten Kreditvolumens die staatlich (bzw. durch die Treuhand) verbürgten Kredite eine zentrale Rolle; bei der Commerzbank machen diese nur 65% des Gesamtkreditvolumens aus.

Dieses Phänomen läßt sich wie folgt erklären. Zum einen gab es zum Erhebungszeitpunkt bei den Großbanken immer noch eine gewisse Zurückhaltung bei der Kreditvergabe auf eigenes Obligo aufgrund der Schwierigkeiten bei der Kreditwürdigkeitsprüfung, so daß man sich zunächst überwiegend auf staatlich verbürgte Kredite konzentrierte. Dabei haben die Deutsche und die Dresdner Bank aufgrund ihrer Verbindungen zu vielen "alten" Firmen (VEB, Kombinate etc.) über die Deutsche Kreditbank einen Wettbewerbsvorteil gegenüber der Commerzbank, die darauf angewiesen ist, ihren Firmenkundenstamm ganz neu zu akquirieren, und die dazu mehr Kredite auf eigenes Risiko bewilligen muß.

---

[228] Vgl. Deutsche Bundesbank (1991), S. 6
[229] Vgl. Deutsche Bundesbank (1991), S. 4 und 6

Die Gesamtzahl der Depots mag zwar auf erste Sicht ziemlich hoch erscheinen, sollte jedoch nicht überbewertet werden, wenn man bedenkt, daß Ende 1989 die Großbanken in den alten Ländern etwa 2,6 Mio. Depots verwalteten[230].

5.3.2.2. Marktanteilsanalyse

Da die Größe "Marktanteil" sowohl in der Bankbetriebslehre als auch in der Banken-Praxis oft als Zielvariable angeführt wird[231] und auch von den Großbanken bei der Zielformulierung für die neuen Bundesländer verwandt wurde[232], erfolgt in diesem Abschnitt eine Marktanteilsanalyse für die wichtigsten Geschäftsfelder in Ostdeutschland.

Tabelle 16 zeigt die Ergebnisse der Marktanteilsuntersuchung. Betrachtet man die Marktanteile bezogen auf das Kundengeschäftsvolumen, so kann man feststellen, daß alle drei Großbanken ihre Marktanteilsziele noch nicht erreicht haben.

Des weiteren zeigt auch die Marktanteilsanalyse, daß die Deutsche und die Dresdner Bank relativ eng beieinander liegen, während die Commerzbank relativ abgeschlagen scheint.

Die Marktanteile im Einlagengeschäft und dabei insbesondere im Spareinlagengeschäft deuten darauf hin, daß es den drei Großbanken noch nicht in großem Maße gelungen ist, hier Kunden von den Sparkassen abzuwerben. Letztere halten immer noch knapp 80% der gesamten Spareinlagen in den neuen Ländern.

Analysiert man die Marktanteile bezogen auf das Bevölkerungspotential als Kennzahl für die Marktdurchdringung der Banken im Mengengeschäft, so stellt man fest, daß rund jeder fünfte Haushalt eine Kontoverbindung bei einer Großbank unterhält. Auffällig in diesem

---

230 Vgl. Deutsche Bundesbank (1990), S. 9
231 Vgl. Büschgen (1979), S. 24
232 Vgl. 4.

Zusammenhang ist jedoch, daß nur 14,1% der wechselwilligen Bürger tatsächlich zu einer der drei Banken gewechselt sind.

Hierfür mag es zwei Erklärungsansätze geben. Entweder könnte sich die Zahl der wechselwilligen Bürger mit zunehmender Anpassung etwa der Sparkassen an den westlichen Standard reduziert haben, oder die Großbanken verstanden es nicht, die Bereitschaft dieser Bürger zum Wechsel des Kreditinstituts entsprechend auszunutzen.

Kennziffer	Deutsche Bank	Dresdner Bank	Commerzbank
Marktanteil bezogen auf das Kundengeschäftsvolumen	6,3%	5,8%	1,4%
Marktanteil im Einlagengeschäft	9,2%	9,0%	2,1%
nur Spareinlagen	5,0%	3,9%	1,1%
Marktanteil im Kreditgeschäft	4,3%	3,7%	0,9%
Marktanteil bezogen auf das Bevölkerungspotential:			
- Gesamtbevölkerung	3,6%	3,5%	0,9%
- Zahl der Haushalte	9,2%	9,0%	2,2%
- "wechselwillige" Bürger*	6,4%	6,2%	1,5%

* Hierbei handelt sich es um diejenigen Bürger der neuen Länder, die beabsichtigen, zu einem westlichen Kreditinstitut zu wechseln. (Quelle: Walter , 1990, o.S.)

Quellen: Deutsche Bundesbank (Hrsg.): Regionalergebnisse der monatlichen Bilanzstatistik für Kreditinstitute in Ostdeutschland, Beilage zu "Statistische Beihefte zu den Monatsberichten der Deutschen Bundesbank" Reihe 1, Bankenstatistik nach Bankengruppen, Juni 1991, Nr.6, S.4-6; Fuß,1991, S.40; eigene Berechnungen

Tabelle 16: Marktanteilsanalyse für die Großbanken in den neuen Bundesländern

5.3.3 Produktivitätskennzahlen

In den beiden vorangegangenen Abschnitten wurden die von den Großbanken realisierten Ergebnisse in den neuen Ländern absolut, d.h. ohne Berücksichtigung der dafür eingesetzten Ressourcen betrachtet. Im folgenden nun werden die erreichten Volumina in einer Art Kosten-Nutzen-Analyse bzw. Produktivitätsanalyse in Relation zu den dafür aufgewendeten Ressourcen gesetzt. Dabei werden die Zahl der Zweigstellen und die Zahl der Mitarbeiter als Maßstab für den Ressourceneinsatz verwandt.[233] Tabelle 17 gibt die Ergebnisse dieser Analyse wieder.

Kennzahl	Deutsche Bank	Dresdner Bank	Commerzbank
Kunden pro Bankstelle	3592	4687	3000
Einlagenvolumen pro Bankstelle (in Mio. DM)	77	102	60
Kreditvolumen pro Bankstelle (in Mio. DM)	55	64	40
Kunden pro Mitarbeiter	68	128	156
Spareinlagen pro Mitarbeiter (in TDM)	304	468	625

Quelle: eigene Berechnungen

Tabelle 17: Produktivitätskennzahlen (Mitte 1991)

---

[233] Vgl. zu dem Problem der Produktivitätsbestimmung und -messung bei Banken Humphrey (1991), S. 16ff.

Die Untersuchung zeigt, daß im Durchschnitt auf jede einzelne Bankstelle der Dresdner Bank die größten Volumina hinsichtlich Kundenzahl, Einlagenvolumen und Kreditvolumen entfallen. Die Commerzbank liegt bei diesen Kennzahlen relativ nahe bei der Deutschen Bank, zumal man berücksichtigen muß, daß alle Bankstellen der Commerzbank sich zum Erhebungszeitpunkt gegen wenigstens einen Großbank-Konkurrenten an jedem Standort durchsetzen mußten, während die Deutsche Bank an 60 Plätzen in den neuen Ländern allein vertreten war.[234].

Betrachtet man die "Produktivität" der Bankmitarbeiter, so stellt man fest, daß die Volumina pro Mitarbeiter bei der Commerzbank am höchsten sind. Dies mag vor allem daran liegen, daß das Institut überwiegend westliche Mitarbeiter in der betrachteten Periode eingesetzt hat, die aufgrund ihres Know-hows produktiver waren als die ostdeutschen Mitarbeiter der beiden anderen Institute.

Außerdem konnte die Commerzbank ihren Personaleinsatz bedarfsgerecht steuern, da sie aufgrund des Verzichts auf externes Wachstum keine Mitarbeiter übernehmen mußte.

5.4. Die Strategien in den neuen Bundesländern als Ansatzpunkt für die Erschließung der Märkte in den übrigen osteuropäischen Staaten

Bei der Strategieformulierung der Banken für die neuen Bundesländer ging man davon aus, daß die ehemalige DDR als Brücke zur Erschließung anderer osteuropäischer Länder wirken könnte.[235] Daher soll in diesem Abschnitt untersucht werden, inwieweit die Strategien der drei Großbanken in den neuen Bundesländern für den Markteintritt in den übrigen ehemaligen "RGW-Staaten" hilfreich sind und ob sie eventuell als Vorbild für die Strategiewahl hinsichtlich dieser Märkte dienen können. Dabei gibt es zunächst einige Ähnlichkeiten zwischen der Entwicklung in den neuen Ländern und den übrigen ehemals sozialistischen Staaten

---

234 Vgl. 5.2.
235 Vgl. Walter (1990), S. 37

Osteuropas, die für eine "Übertragbarkeit" der DDR-Strategien auf die anderen osteuropäischen Staaten sprechen:

(1) In vielen osteuropäischen Staaten wurden bereits Schritte zur Transformation des ehemals zentralistisch organisierten Bankensektors in ein Finanzsystem nach westlichem Vorbild eingeleitet, wobei Polen und Ungarn am weitesten im Reformprozeß fortgeschritten sind und sogar schon private und ausländische Kreditinstitute zulassen.[236]

(2) Auch in den Staaten Osteuropas wird - wie in den neuen Bundesländern -[237] kurz- bzw. mittelfristig das klassische Bankgeschäft dominieren: "In den nächsten Jahren werden Kapitalmärkte für Anleihen und Aktien in Zentraleuropa nur eine bescheidene Rolle spielen. Noch für viele Jahre wird der allergrößte Teil der internen Ersparnisse und des Auslandskapitals über Banken in die Wirtschaft fließen. (...) Die Anforderungen, die wir im Westen für funktionsfähige Anleihe- und Aktienmärkte kennen, sind viel zu hoch, als daß sie in den neuen Märkten schon bald erfüllt werden könnten."[238]

Trotz dieser Parallelitäten erscheint eine undifferenzierte Übertragung der Strategien in den neuen Bundesländern auf die übrigen RGW-Staaten aus folgenden Gründen nicht angebracht oder zumindest sehr risikoreich:[239]

(1) Aufgrund des Staats- bzw. Einigungsvertrages ist die Transformation des Wirtschaftssystems in der ehemaligen DDR definitiv festgeschrieben, während in den anderen Staaten immer noch das Risiko eines politischen Umschwungs verbunden mit einer Behinderung des ökonomischen Reformprozesses besteht. Zudem

---

[236] Vgl. Thieme (1991), S. 26-30
[237] Vgl. 2.2.2
[238] Lipp (1991), S. 9
[239] Gegen ein solches Vorgehen sprechen natürlich auch die in den vorangegangenen Abschnitten analysierten Schwächen der DDR-Strategien.

können diese Länder nicht auf ähnlich massive Hilfeleistungen (monetäre und nicht-monetäre) bauen, wie sie etwa von den westlichen Bundesländern den östlichen gewährt werden, was den Reformprozeß hinsichtlich der Schnelligkeit der Anpassung an das westliche Wirtschaftssystem negativ beeinflussen dürfte.

(2)   In den östlichen Staaten bestehen für westdeutsche Institute, anders als in der ehemaligen DDR, Kultur-und Sprachbarrieren.

(3)   Die größere geographische Entfernung dieser Staaten zu den alten Bundesländern und die Kultur-und Sprachunterschiede erschweren die Entsendung von westlichen Mitarbeitern als entscheidendes Element beim notwendigen Know-how-Transfers. Die gleichen Faktoren sprechen auch gegen die Akquisition einer bereits bestehenden Bank in diesen Ländern verbunden mit einer Übernahme des Personals, da dieses dann auch in westlichen Filialen geschult werden müßte.

Aufgrund all dieser potentiellen Probleme erscheint die bisherige Zurückhaltung der westlichen Großbanken in bezug auf ein massives Engagement in diesen Staaten verständlich. Bisher eröffneten sie lediglich in Warschau, Prag und Budapest Repräsentanzen.[240] Weitergehende Aktivitäten dürften sich vor allen Dingen auf den Bereich des Firmenkundengeschäfts konzentrieren. Dazu reicht die Errichtung von Filialen in den wirtschaftlich bedeutendsten Zentren Osteuropas aus; der Kauf einer bereits bestehenden Bank oder der Aufbau eines flächendeckenden Filial-und Zweigstellennetzes sind hierfür nicht erforderlich. Diese Filialen könnten dann von den Gebietsniederlassungen in den neuen Bundesländern aus gesteuert werden. Dabei könnte der Finanzplatz Berlin als Ausgangsbasis für die Expansion in die RGW-Staaten und als Dienstleistungszentrum eine bedeutende Rolle spielen[241], dürfte jedoch insbesondere bezüglich Ungarn mit dem Finanzplatz Wien

---

[240]   Darüberhinaus gründete die Dresdner Bank Ende 1990 zusammen mit der Banque Nationale de Paris und einer ungarischen Bank in Budapest die BNP-KH-Dresdner Bank Rt., die vorwiegend im Firmenkundengeschäft tätig sein wird.

[241]   Vgl. Steinriede (1990), S. 43

konkurrieren, da letzterer einige Standortvorteile aufweist (z.B. kulturelle und geographische Nähe, Tradition der Handelsbeziehungen Österreichs zu den Staaten Osteuropas).

Die *flächendeckende* Präsenz der Großbanken in Ostdeutschland liefert jedoch über die oben genannten Aspekte hinaus kaum eine Hilfestellung für die Strategie in den übrigen RGW-Staaten. Lediglich die Erfahrungen, die man in den neuen Ländern hinsichtlich des Transformationsprozesses der Wirtschaft im allgemeinen und des Bankensektors im besonderen gemacht hat, sind hilfreich.

6. ZUSAMMENFASSUNG UND AUSBLICK AUF MÖGLICHE ENTWICKLUNGS-PERSPEKTIVEN DES BANKENMARKTES IN DEN NEUEN BUNDESLÄNDERN

In diesem Kapitel werden zunächst die wesentlichen Ergebnisse der vorangegangenen Untersuchung zusammengefaßt. Auf dieser Basis aufbauend werden dann mögliche Entwicklungstendenzen für den Bankenmarkt in den fünf neuen Bundesländern aufgezeigt.

6.1. Zusammenfassung der bisher erzielten Ergebnisse

Die vorangegangene Analyse des Bankenmarktes der ehemaligen DDR und die darauf aufbauende Ableitung strategischer Optionen für westdeutsche Kreditinstitute sowie die Darstellung und Bewertung der Strategien der drei Großbanken hat folgende wesentliche Ergebnisse erbracht:

(1)   Der Markt in den fünf neuen Bundesländer bietet durchaus Wachstumschancen für die westdeutschen Kreditinstitute. Dabei dominieren kurz - und mittelfristig klassische Bankprodukte. Im Privatkundengeschäft steht dabei das Einlagengeschäft im Vordergrund, während im Firmenkundengeschäft integrierte Finanzierungskonzepte von den Banken anzubieten sind.

(2)   Bei der Kundenakquisition gilt es, die Besonderheiten des Bankenmarktes der fünf neuen Bundesländer zu berücksichtigen, also insbesondere die verstärkte Erklärungsbedürftigkeit von Finanzdienstleistungen und die Unsicherheit der Kunden verbunden mit dem Wunsch nach umfassender Beratung und Betreuung. Da dies auch für Firmenkunden gilt, eröffnen sich für die westdeutschen Banken auch Wachstumschancen im Bereich der Bank-Beratung.

(3)   Die Wettbewerbssituation ist im wesentlichen durch zwei Gruppen von Instituten bestimmt, nämlich Banken westdeutscher Provenienz

und Institute, die bereits vor der ökonomischen Wende auf dem Gebiet der ehemaligen DDR tätig waren. Innerhalb der letzgenannten Gruppe nehmen auf lange Sicht lediglich die Sparkassen, die Genossenschaftsbanken und - im Bereich des breiten Privatkundengeschäfts - die Postsparkassen eine bedeutende Rolle ein, während es innerhalb der ersten Klasse von Banken neben den Großbanken die beiden bayerischen Institute zu beachten gilt.

(4)   Hinsichtlich der Position der Sparkassen bleibt festzuhalten, daß sie ihren hohen Marktanteil im Einlagengeschäft im wesentlichen halten konnten, vor allem in den Segmenten Spareinlagen und Sparbriefe, so daß die Marktanteile in diesem Bereich nicht völlig frei zur Disposition stehen, wie zunächst von manchen Experten angenommen. Auch im Firmenkundengeschäft haben die Sparkassen relativ schnell, trotz der anfänglichen Wettbewerbsnachteile gegenüber Banken westdeutscher Provenienz, Fuß gefaßt, wie der Anstieg des Marktanteils im Kreditgeschäft bis Ende 1992 zeigt.

(5)   Alle drei Großbanken streben die Marktdurchdringung mittels eines flächendeckenden Filialnetzes an. Dazu bedienen sich die Deutsche und Dresdner Bank einer Kombination aus internem und externem Wachstum, während die Commerzbank ausschließlich auf internes Wachstum setzt.
Keine der Banken nutzte den Markt in den neuen Bundesländern als "Testmarkt" für innovativere Vertriebssysteme, so wie es die beiden bayerischen Institute tun.

(6)   Der wesentliche Nachteil der Doppelstrategie liegt in den hohen Anfangsinvestitionen und der massiven Ressourcenbindung, die diese Strategie sehr riskant erscheinen lassen. Dafür erlaubt sie eine relativ frühzeitige flächendeckende Präsenz und ermöglicht die "Chance des ersten Zugriffs" bei vielen Kunden.

(7)   Die Commerzbank-Strategie erlaubt die bedarfsgerechte Anpassung
        der Vertriebskapazität an die Nachfrage, hat jedoch den Nachteil,
        daß eine umfassende Präsenz erst sukzessive erreicht wird.

(8)   Insgesamt haben die drei Großbanken ihr Zweigstellennetz relativ
        schnell und massiv ausgebaut, wobei dies für die Deutsche und
        Dresdner Bank in weit stärkerem Maße gilt als für die
        Commerzbank. Netzdichte und Wettbewerbsintensität waren
        Ende 1992 schon ähnlich hoch wie in den alten Ländern.
        Berücksichtigt man die Rentabilitätsprobleme von Bankstellen in
        den alten Ländern und das noch wesentlich geringere
        Marktpotential in den neuen Ländern, so scheint aus theoretischer
        Sicht die Bankstellenexpansion in Ostdeutschland übertrieben
        worden zu sein.

(9)   Die ersten Ergebnisse der Geschäftstätigkeit bis Mitte 1991 zeigen,
        daß die Deutsche und Dresdner Bank wesentlich größere Volumina
        und Marktanteile als die Commerzbank aufwiesen, wobei relativ zu
        der Zahl der Zweigstellen die Dresdner Bank am
        erfolgreichsten war. Allerdings mußten zur Erreichung dieser
        Ergebnisse die beiden erstgenannten Institute wesentlich mehr
        Ressourcen aufwenden (und somit Kosten tragen) als die
        Commerzbank.

(10)   Eine undifferenzierte Übertragung der "DDR-Strategie" auf die
        übrigen osteuropäischen Länder ist wenig erfolgversprechend
        zu sein. Auch hilft der Aufbau eines flächendeckenden Netzes
        in den neuen Ländern wohl kaum bei der Markterschließung in
        Osteuropa.

6.2. Zukünftige Entwicklungsperspektiven für den Bankenmarkt der ehemaligen DDR

Abschließend bleibt zu fragen, welche Entwicklungen sich aufgrund der bisher dargestellten Untersuchungsergebnisse für den Bankenmarkt in den neuen Bundesländer prognostizieren lassen.

Zunächst ist dabei festzuhalten, daß der Erfolg der verschiedenen Kreditinstitute wesentlich von der weiteren makroökonomischen Entwicklung (z.B. Entwicklung des Bruttosozialproduktes, der Arbeitslosenzahlen, der Firmengründungen bzw. -konkurse usw.) in den fünf neuen Bundesländern abhängt, denn diese bestimmt in erster Linie die für die Banken relevanten Marktpotentiale (z.B. Einlagevolumen, Geschäftsvolumen im Firmenkundengeschäft). Dabei ist die Zeit bis zu einem massiven ökonomischen Aufschwung ein kritischer Faktor besonders für solche Institute, die bereits sehr große Kapazitäten in den neuen Bundesländern aufgebaut haben, also etwa die Deutsche und die Dresdner Bank. Denn je länger ein solcher wirtschaftlicher Aufschwung auf sich warten läßt, desto mehr Anlaufverluste sind zu tragen und desto später wird die Gewinnschwelle erreicht.

Anders ausgedrückt bedeutet dies, daß diejenigen Institute, die einen an der sich jeweils ergebenden Nachfrage orientierten Aufbau der Kapazitäten betreiben (z.B. die Commerzbank und die beiden bayerischen Institute) geringere Anlaufverluste haben und auch frühzeitiger die Gewinnschwelle erreichen.

Des weiteren ist davon auszugehen, daß es aufgrund der bereits sehr hohen Netzdichte der Deutschen und der Dresdner Bank in den neuen Bundesländer und vor allem infolge der hohen Bankstellen-Präsenz dieser Institute an Orten mit geringem und sehr geringem Einwohnerpotential in Verbindung mit der gerade an solchen Standorten starken Konkurrenz durch die Sparkassen zumindest zu vereinzelten Bankstellen-Schließungen im Rahmen einer Netzkonsolidierung kommen wird. Damit einher dürfte ein Personalabbau gehen, wobei dies am ehesten bei der Dresdner Bank zu erwarten ist, die diesen Schritt bisher - anders als die Deutsche Bank -

noch nicht vollzogen hat. Neben der Bankstellenkonsolidierung ist auch eine Umwandlung von bisher noch als "full service- Bankstellen" in einerseits echte Beratungszentren und andererseits in stark automatisierte Geschäftsstellen, in denen vornehmlich standardisierte Routineleistungen angeboten werden, zu erwarten. Die dabei entstehenden Anpassungskosten hätten vermieden werden können, wenn man, was angesichts der Vertriebswegediskussion in den alten Bundesländern nahelag, bei der Expansion in den neuen Bundesländern von Anfang an auf dieses Konzept der Dualität von Bankstellen gesetzt hätte, so wie es die beiden bayerischen Institute tun. Dies hätte zusätzlich zur Gewinnung von Erfahrungen und Erkenntnissen für die analoge Umgestaltung des Bankstellennetzes in Westdeutschland beigetragen.

Die Hoffnung der Großbanken, die Bankstellen in den neuen Bundesländern als "Einlagen-Saugnäpfe" einzusetzen, bedeutende Marktanteile im Einlagengeschäft und damit günstige Refinanzierungskosten zu erzielen, ist in der Vergangenheit, insbesondere aufgrund der unverändert starken Stellung der Sparkassen im Einlagengeschäft, nur bedingt in Erfüllung gegangen. Auch in Zukunft wird sich diese Situation nicht wesentlich verändern, zumal die Sparkassen sich inzwischen dem westlichen Standard, z.B. hinsichtlich des Know-hows, weiter angenähert haben.

Auch im Firmenkundengeschäft macht sich diese Anpassung der Sparkassen an den westlichen Standard positiv bemerkbar, so daß davon auszugehen ist, daß diese Institutsgruppe in Kooperation mit den Landesbanken - ähnlich wie in Westdeutschland - auch in Ostdeutschland eine bedeutende Position im Bankgeschäft mit mittelständischen Unternehmen einnehmen wird. In diesem Bereich sowie bei den kleinen Betrieben sind auch den Kreditgenossenschaften mit zunehmender Anpassung an den westdeutschen Standard gute Marktchancen einzuräumen, während das Marktvolumen im Firmenkundengeschäft mit größeren Unternehmen sich im wesentlichen zwischen den Großbanken und den bayerischen Instituten aufteilen wird.

LITERATURVERZEICHNIS

Aaker, D. (1989): Strategisches Markt-Management, Wiesbaden 1989

Albach, H. (1979): Strategische Planung bei erhöhter Unsicherheit, in: Albach, H.: Beiträge zur Unternehmensplanung, 3. Auflage, Wiesbaden 1979, S. 67-80

Albach, H. (1980): Vertrauen in der ökonomischen Theorie, in: Zeitschrift für die gesamte Staatswissenschaft, Bd. 136, S. 2-11

Albach, H. (1988): Strategische Planung und Strategische Führung, in: Domsch, M. (Hrsg.): Unternehmenserfolg - Festschrift für Walther Busse von Colbe zum 60. Geburtstag, Wiesbaden 1988, S. 1-10

Albach, H. (1988 a): "Finanzierungsregeln" und Kapitalstruktur der Unternehmung, in: Christians, W.F. (Hrsg.): Finanzierungshandbuch, 2. Auflage, Wiesbaden 1988, S. 599-626

Albach, H. (1992): Strategische Allianzen, strategische Gruppen und strategische Familien, in: ZfB, 62. Jg. (1992), H. 6, S. 663-670

Albers, S./Eggert, K. (1988): Kundennähe - Strategie oder Schlagwort, in: Marketing-ZFP, Heft 1 1988, S. 5-16

Alberts, V. (1987): Neuere Tendenzen des Standortverhaltens von Großbanken, Wiesbaden 1987

Amberger, H. (1992): Dresdner Bank's strategy in the former German Democratic Republic in: Stein, A. (Hrsg.): The new European Financial Marketplace, Harlow 1992, S. 281-287

Ansoff, H.I. (1966): Management-Strategie, München 1966

Arbeitskreis "Finanzierung" der Schmalenbach-Gesellschaft (1988): Ansätze zur Gestaltung des Netzes von Bankverbindungen durch eine Unternehmung, in: zfbf 40 (9/1988), S. 739-767

Badde, C. (1988): Möglichkeiten und Grenzen des Außendienstes, in: bank und markt, Heft 5 (Mai) 1988, S. 18ff.

Bauer, H.H. (1991): Unternehmensstrategie und Strategische Gruppen, in:

Behrens, B./Müller, M. (1990): Große Brocken, in: Wirtschafts-Woche, Nr. 39, 21.9.1990, S. 229

Berger, M. (1990): Geldverfassung in Deutschland Ost und West, in: Die Bank, 2/1990, S. 71-75

Berndt, H. (1991): Individuelles Wohneigentum gewünscht, in: FAZ, 11. Juni 1991, S. B 13

Bernhardt, P. (1986): Strategisches Marketing bei Banken, in: Wieselhuber, N./Töpfer, A. (Hrsg.) : Handbuch Strategisches Marketing, 2. Auflage, Landsberg am Lech 1986, S. 552-568

Bernhardt, P./Dambmann, W. (1979): Elektronisches Geld, Frankfurt am Main 1979

Betsch, O. (1988): Grenzen der Zweigstelle, in: bank und markt, Heft 5 (Mai) 1988

Betsch, O. (1992): Allfinanz eine (un)mögliche Chance, in: bank und markt, Heft 11 (November) 1992, S. 15-21

Beuttel, W. (1986): Markteintrittsstrategien in schnell wachsenden Märkten, in: Wieselhuber, N./Töpfer, A. (Hrsg.) : Handbuch Strategisches Marketing, 2. Auflage, Landsberg am Lech 1986, S. 308-318

Bösel, D. (1991): Sparen oder konsumieren, in: FAZ, 11. Juni 1991, S. B 14

Breuel, B. (1988): Venture Capital, in: Christians, W.F. (Hrsg.): Finanzierungshandbuch, 2. Auflage, Wiesbaden 1988, S. 577-598

Bühler, W. et al. (Hrsg.): Erfolgsfaktoren des Bankgeschäfts, Wiesbaden 1990

Bunk, H. (1992): Geschäftsstellenpolitik im Wandel, in: bank und markt, Heft 11 (November) 1992, S. 22-23

Büschgen, H.-E. (1983): Die Großbanken, Frankfurt am Main 1983

Büschgen, H.E. (1979): Bankbetriebslehre, Stuttgart, New York 1979

Dambmann, W./Förster, G. (1983): Zur Zweigstellenpolitik im Zeichen von Automation und Selbstbedienung, in: bank und markt, Heft 3 (Juni) 1983

Dennig, U. (1991): Die Finanzstruktur in den neuen Bundesländern, in: Wirtschaftsdienst, 1991/III, S. 125-131

Deutsche Bank: DDR Wirtschafts- und Währungsunion, Frankfurt 1990

Deutsche Bundesbank (1992): Abschlußbericht der vorläufigen Verwaltungsstelle Berlin, Berlin, Oktober 1992

Deutsche Bundesbank (Hrsg.): Regionalergebnisse der monatlichen Bilanzstatistik für Kreditinstitute in Ostdeutschland, Beilage zu "Statistische Beihefte zu den Monatsberichten der Deutschen Bundesbank", Reihe 1, Bankenstatistik nach Bankgruppen, verschiedene Jahrgänge

Deutsche Bundesbank (Hrsg.): "Statistische Beihefte zu den Monatsberichten der Deutschen Bundesbank", Reihe 1, Bankenstatistik nach Bankgruppen, verschiedene Jahrgänge

Dresdner Bank (1991): Die Strategie der Dresdner Bank in den neuen Bundesländern, Frankfurt am Main, Mai 1991

Eilenberger, G. (1982): Bankbetriebswirtschaftslehre, München, Wien 1982

Fahrholz, B. (1991): Integrierte Finanzierungskonzepte müssen Fremdmittel mit Risikokapital verbinden, in: Handelsblatt, 11.4.1991

Fox, U. (1978): Bankbetriebe als Teil des finanziellen Sektors der DDR, in: Deppe, H.-D. (Hrsg.): Bankbetriebliches Lesebuch, Stuttgart 1978, S. 179-202

Franke, G./Hax, H. (1990): Finanzwirtschaft des Unternehmens, 2. Auflage, Berlin 1990

Fudenberg, D./Tirole, J. (1992): Game Theory, 2. Auflage, Cambridge, Mass. 1992

Fuß, H.-D. (1991): Privatkreditvergabe in den neuen Bundesländern, in: bank und markt, Heft 5 (Mai) 1991

Gaddum, J.W. (1991): Die Markt- und Wettbewerbssituation des Bankensektors in den neuen Bundesländern, in: Gröner, H. et al. (Hrsg.): Wirtschaftliche Probleme der Integration der ehemaligen DDR in die Bundesrepublik, Schriften des Vereins für Socialpolitik, Berlin 1991, S. 191-199

Geiger, H. (1991): Die Sparkassenorganisation in den fünf neuen Bundesländern, in: Zeitschrift für das gesamte Kreditwesen, 6/91, S. 246-249

Gerke, W. (1982): Was folgt auf drei Jahrzehnte Wachstumsstrategie der Kreditinstitute ?, in: bank und markt, Heft 5 (Oktober) 1982

Geschäftsbericht der Commerzbank für das Jahr 1990

Geschäftsbericht der Deutschen Bank für das Jahr 1990

Geschäftsbericht der Dresdner Bank für das Jahr 1990

Geschäftsbericht der Postbank für das Jahr 1990

Gnoth, K. (1992): Kosten und Nutzen des Zahlungsverkehrs, in: Die Bank, 12/92, S. 705-711

Grochla, E. (Hrsg.) (1980): Handwörterbuch der Organisation, 2. Auflage, Stuttgart 1980

Gröschel, U. (1991): Venture Capital, in: Krümmel, H.J./Rudolph, B. (Hrsg.): Corporate Finance, Frankfurt am Main 1991, S. 51-70

Gutenberg, E. (1984): Grundlagen der Betriebswirtschaftslehre, Zweiter Band: Der Absatz, 17. Auflage, Berlin et al. 1984

Hagenmüller, K.F./Jacob, A.-F. (1987): Der Bankbetrieb, Band I, 5. Auflage, Wiesbaden 1987

Hagenmüller, K.F./Jacob, A.-F. (1988): Der Bankbetrieb, Band III, 5. Auflage, Wiesbaden 1988

Hammes, M. (1990): Zeit der Entscheidung, in: Wirtschaftswoche, Nr. 40, 28.9.1990, S. 204

Hein, M. (1981): Einführung in die Bankbetriebslehre, München 1981

Hellmann, W./Unterberg, A. (1991): Zukunftsperspektiven für den Finanzplatz Deutschland, Frankfurt 1991

Hilke, W. (1989): Grundprobleme und Entwicklungstendenzen des Dienstleistungs-Marketing, in: Hilke, W. (Hrsg.): Dienstleistungsmarketing, Wiesbaden 1989, S. 5-44

Hinterhuber, H.H. (1989): Strategische Unternehmensführung, 4. Auflage, Berlin, New York 1989

Humphrey, D.B. (1991): Productivity in Banking and Effects from Deregulation, in: Economic Review, March/April 1991, S. 16-26

Infratest (Hrsg.) (1990): Meinungen, Einstellungen und Erfahrungen der DDR-Bürger zum Thema "Geld und Banken", München, September 1990

Infratest (Hrsg.) (1992): Firmen Thüringen '92, München, Dezember 1992

Jacob, A.-F. (1980): Der Zahlungsverkehr ist teuer - wer soll ihn bezahlen?, in: bank und markt, Heft 4 (August) 1980, S. 15-19

Jacob, A.-F. (1984): Wie sieht das Bankgeschäft 1994 aus ?, in: bank und markt, Heft 4 (August) 1984

Jacob, A.-F. (1986): Strategische Planung in Banken, Frankfurt am Main 1986

Jacob, A.-F. (1990): Kosten- und Erlösstrukturen im Zahlungsverkehr des Privatkundengeschäfts, Stuttgart 1990

Jacob, A.-F. (1991): Finanzierungsregeln, Vertrauenskapital und Risikoaversion, in: Kistner, K.-P./Schmidt, R. (Hrsg.): Unternehmensdynamik, Wiesbaden 1991, S. 111-131

Jacob, A.-F. (1993): Corporate Banking und Kundenloyalität, in: bank und markt, Heft 1 (Januar) 1993, S. 5-13

134

Jacob, A.-F./Förster, G.M. (1989): Die Wahl strategischer Standorte im internationalen Bankgeschäft, Wiesbaden 1989

Jocham, A. (1990): Die bundesdeutschen Kreditinstitute haben ihre Claims im Osten abgesteckt, in: Handelsblatt, 26.9.1990, o.S.

Juncker, K. (1987): Firmenkundenmarketing, in: Süchting, J./van Hooven, E. (Hrsg.): Handbuch des Bankmarketing, Wiesbaden 1987, S. 225-248

Kistner, K.-P./Schmidt, R. (Hrsg.): Unternehmensdynamik, Wiesbaden 1991, S. 389-416

Köllhofer, D. (1991): Die Markt- und Wettbewerbssituation des Bankensektors in den neuen Bundesländern, in: Gröner, H. et al. (Hrsg.): Wirtschaftliche Probleme der Integration der ehemaligen DDR in die Bundesrepublik, Schriften des Vereins für Socialpolitik, Berlin 1991, S. 177-189

Kopper, H. (1990): Banken im Wandel der neunziger Jahre, Vortrag vor dem Institut für Bankwirtschaft und Bankrecht an der Universität zu Köln, 20. Juni 1990

Kopper, H. (1991): Rede anläßlich der Hauptversammlung der Deutschen Bank AG, Hamburg, 23. Mai 1991

Korndörfer, W. (1988): Allgemeine Betriebswirtschaftslehre: Aufbau, Ablauf, Führung, Leitung, 8. Auflage, Wiesbaden 1988

Kotler, P./Bliemel, F. (1992): Marketing-Management, 7. Auflage, Stuttgart 1992

Krafft, R. (1992): Westdeutsche Kreditinstitute in den neuen Bundesländern - Strategische Optionen bei der Kundenakquisition, Frankfurt am Main 1992

Krauß, H.U. (1980): Zweigstellen - ein zu teurer Luxus, in: bank und markt, Heft 6 (Dezember) 1980

Kreikebaum, H. (1987): Strategische Unternehmensplanung, 2. Auflage, Stuttgart et al. 1987

Krupp, G. (1990): Ausführungen auf der Pressekonferenz anläßlich der Geschäftsaufnahme der Deutschen Bank-Kreditbank AG, Berlin, 27. Juni 1990

Krupp, G. (1992): Anmerkungen zur Zukunft des Privatkundengeschäfts, in: bank und markt, Heft 12 (Dezember) 1992, S. 7-14

Lipp, E.-M. (1991): Bankstrategien in den neuen Märkten Zentraleuropas, in: Schweizer Bank, 91/4

Marner, B./Jaeger, F. (1991): Kleine und mittlere Unternehmen von Beratern umworben, in: Die Bank, 4/91, S. 198-203

Martini, E. (1993): Zum ersten Jahr der Hypo Service-Bank, in: bank und markt, Heft 1 (Januar) 1993, S. 37-38

Meffert, H. (1986): Marketing, 7. Auflage, Wiesbaden 1986

Meffert, H. (1988): Strategische Unternehmensführung und Marketing, Wiesbaden 1988

Monatsberichte der Deutschen Bundesbank, verschiedene Jahrgänge

Morschäuser, B. (1993): Auslandsbanken in Deutschland: Retail ist die Ausnahme, in: bank und markt, Heft 2 (Februar) 1993, S. 22-26

Müller, W./Klein, S. (1993): Grundzüge einer verhaltensorientierten Preistheorie im Dienstleistungsmarketing, WHU-Forschungspapier Nr. 16, Vallendar Januar 1993

Müller-Hagedorn, L. (1984): Handelsmarketing, Stuttgart 1984

Neubäumer, R. (1991): Der ostdeutsche Arbeitsmarkt Bestandsaufnahme und Ansatzpunkte einer auf mehr Beschäftigung ausgerichteten Wirtschaftspolitik, in: Gröner, H. et al. (Hrsg.): Wirtschaftliche Probleme der Integration der ehemaligen DDR in die Bundesrepublik, Schriften des Vereins für Socialpolitik, Berlin 1991, S. 79-149

Nieschlag, R./Dichtl, E./Hörschgen, H. (1985): Marketing, 14. Auflage, Berlin 1985

o.V. (1990): Bayerische Hypobank: Spezialisierung hier und Flächendeckung dort, in: FAZ, 4.9.1990

o.V. (1990 a): Aktivitäten in den neuen Bundesländern bremsen die Verbesserung des Ergebnisses, in: Handelsblatt, 7.12.1990, S. 13

o.V. (1990 b): Rosinen und Zitronen, in: Handelsblatt, 29.6.1990, S. 118

o.V. (1990 c): Deutsche Bank strebt hohen Marktanteil an, VWD, 24.9.1990, o.S.

o.V. (1990 d): Teilergebnis wächst stärker als im letzten Jahr, in: Handelsblatt, 27.5.1991, o.S.

o.V. (1990 e): Bankers see a big opportunity, in: The Wall Street Journal Europe, 2.7.1990, o.S.

o.V. (1991 a): Mit voller Kraft in den ehemaligen DDR-Markt, in: Schweizer Bank, Mai 1991, S. 16

o.V. (1991 b): Ostsparkassen melden Fortschritte, in: Börsen-Zeitung, 1.3.1991, o.S.

o.V. (1992): Viel weiß-blauer Ehrgeiz im Osten Deutschlands, in: Die Welt, 31. Dezember 1992

o.V. (1993): Die 500 größten deutschen Kreditinstitute, in: Die Bank, 1/93, S. 53-59

Oehler, A. (1990): 20 Jahre Wettbewerb im Privatkundengeschäft der Universalbanken, in: Die Bank, 2/90

Peters, T.J./Waterman, R.H. (1984): Auf der Suche nach Spitzenleistungen, Landsberg am Lech 1984

Platz, S. (1978): Erfolgrechnerische Bewertung von Bankzweigstellen, Göttingen 1978

Pohl, M. (1976): Einführung in die Deutsche Bankengeschichte, Frankfurt am Main 1976

Pohl, M. (1986): Entstehung und Entwicklung des Universalbanksystems, Frankfurt am Main 1986

Porter, M. (1985): Competitive Advantage, New York 1985

Prast, R. (1991): Neue Techniken im Zahlungsverkehr und der Kundenselbstbedienung, in: von Stein, J./Terrahe, J. (Hrsg.): Handbuch Bankorganisation, Wiesbaden 1991, S. 389-408

Priewasser, E. (1982): Bankbetriebslehre, München, Wien 1982

Priewasser, E. (1984): Planen die Banken richtig ? - Anmerkungen aus Sicht der Zukunftsforcshung, in: bank und markt, Heft 4 (August) 1984

Remmerbach, K.-U. (1988): Markteintrittsentscheidungen, Wiesbaden 1988

Robinson, W.T./Fornell, C. (1985): Sources of Market Pioneer Advantages in Consumer Goods Industries, in: Journal of Marketing Research, Vol XXII (August 1985), S. 305-317

Röpke, J. (1977): Die Strategie der Innovation, Tübingen 1977

Rottländer, U. (1985): Anforderungen der Unternehmen an ihr Netz von Bankverbindungen, in: Süchting, J. (Hrsg.): Semesterbericht Nr. 21 des Instituts für Kredit- und Finanzwirtschaft, Bochum 1985, S. 15-26

Rüschen, T. (1990): Consulting-Banking, Wiesbaden 1990

Sachverständigenrat (1991): Die wirtschaftliche Integration in Deutschland Perspektiven - Wege - Risiken, Jahresgutachten 1991/92, Stuttgart 1991

Sarrazin, J. (1987): Das Geschäft deutscher Banken im Ausland - Anmerkungen zu Bestimmungsfaktoren aus unternehmerischer Sicht, in: Süchting, J./van Hooven, E. (Hrsg.): Handbuch des Bankmarketing, Wiesbaden 1987, S. 271 - 286

Scheuch, F. (1982): Dienstleistungsmarketing, München 1982

Schierenbeck, H. (Hrsg.) (1990): Bank- und Versicherungslexikon, München, Wien 1990

Schmalensee, R. (1982): Product differentiation advantages of pioneering brands, in: American Economic Review, June 1982, S. 159-180

Schmidt, R.H. (1985): Venture Capital aus Sicht der Finanzierungstheorie, in: Betriebswirtschaftliche Forschung und Praxis, 1985, S. 421-437

Schmidt, R.H. (1989): Grundzüge der Investitions- und Finanzierungstheorie, 2. Auflage, Wiesbaden 1989

Schnarrs, St. P. (1986): When Entering Growth Markets, Are Pioneers better than Proachers?, in: Business Horizons, March-April 1986, S. 27-36

Schneider, F. (1987): Ausbildung und Einsatz von Kundenberatern, in: Süchting, J./van Hooven, E. (Hrsg.): Handbuch des Bankmarketing, Wiesbaden 1987, S. 181-201

Schneider, G. (1983): Anmerkungen zur Zukunft der Zweigstelle, in: bank und markt, Heft 3 (Juni) 1983

Schröder, C. (1992): Perspektiven der Bautätigkeit, in: iw-trends, 3/92, S.129-142

Schulz, H. (1990): Vertrieb von Bankprodukten durch einen Versicherungsaußendienst, in: Die Bank, 2/90, S. 100-103

Schuster, L. (1982): Optimale Zweigstellenpolitik: Redimensionierung oder Automatisierung, in: Muthesius, P./Schneider, H. (Hrsg.): Terminals für Banken und Bankkunden, Frankfurt am Main 1982, S. 155-160

Schweizer, T. (1992): Zum Aufbau des Wertpapiergeschäftes in den neuen Bundesländern, in: Sparkasse, 11/92, S. 509-510

Servatius, H.-G. (1991): Vom strategischen Management zur evolutionären Führung: auf dem Wege zum ganzheitlichen Denken und Handeln, Stuttgart 1991

Siebert, H. (1992): Das Wagnis der Einheit, Stuttgart 1992

Siepmann, J.D. (1968): Die Standortfrage bei Kreditinstituten, Berlin 1968

Simon, H. (1991): Kundennähe als Wettbewerbsstrategie und Führungsherausforderung, in: Kistner, K.-P./Schmidt, R. (Hrsg.): Unternehmensdynamik, Wiesbaden 1991, S. 253-273

Specht, G. (1988): Distributionsmanagement, Stuttgart et al. 1988

Spremann, K. (1991): Investition und Finanzierung, 4. Auflage, München, Wien 1991

Starke, W. (1980): Selbstbedienung im Bankgeschäft - eine notwendige Verbesserung des Kunden-Service, in: bank und markt, Heft 4 (August) 1980, S. 20-22

Starke, W. (1982): Selbstbedienung als strategische Komponente der Geschäftspolitik, in: Muthesius, P./Schneider, H. (Hrsg.): Terminals für Banken und Bankkunden, Frankfurt am Main 1982, S. 55-62

Starke, W. (1987): Auswirkungen der Selbstbedienung auf das Vertriebssystem, in: Süchting, J./van Hooven, E. (Hrsg.): Handbuch des Bankmarketing, Wiesbaden 1987, S. 163-179

Statistisches Bundesamt (1992): Statistisches Jahrbuch 1992 für die Bundesrepublik Deutschland, Wiesbaden 1992

Steffenhagen, H. (1980): Das Strategiekonzept in der Marketingplanung, Aachen 1980

Steffenhagen, H. (1988): Marketing, Stuttgart et al. 1988

Stein, J. (1990): Bankensystem der DDR vor dem Umbruch, in: Die Bank, 2/1990, S. 76-83

Steinriede, W. (1990): Der EG-Binnenmarkt und die Veränderungen in der DDR als Herausforderung für den Bankplatz Berlin, in: Hein, M. (Hrsg.): Banken in sich wandelnden Märkten, Berichte und Materialien, Heft 13, Berlin Dezember 1990

Stöbe, F. (1991): Privates Sparverhalten in den neuen Bundesländern, in: Die Bank, 5/91, S. 248-252

Stöcklein, A. (1991): Öffentlichkeitsarbeit und Bankwerbung in Ostdeutschland - erste Erfahrungen, in: bank und markt, Heft 1 (Januar) 1991, S. 7ff.

Stur, G. (1991): Keine Abstriche in der Kreditqualität, in: Schweizer Bank, Mai 1991, S. 22

Süchting, J. (1983): Bankmanagement, in: Banken-Erfahrungen und Lehren aus einem Vierteljahrhundert, Frankfurt am Main 1983, S. 135-150

Süchting, J. (1987): Die Theorie der Bankloyalität - (noch) eine Basis zum Verständnis der Absatzbeziehungen von Kreditinstituten, in: Süchting, J./van Hooven, E. (Hrsg.): Handbuch des Bankmarketing, Wiesbaden 1987, S. 23-36

Süchting, J. (1992): Bankmanagement, 3. Auflage, Stuttgart 1992

Suprenant, C. (1991): Using Uncertainty to Strengthen Service Understanding, in: Gilly, M.C. et al. (Hrsg.): Enhancing Knowledge Development in Marketing, Chicago 1991, S. 309-314

Terrahe, J. (1991): Unternehmensstrategie und Organisation, in: von Stein, J./Terrahe, J. (Hrsg.): Handbuch Bankorganisation, Wiesbaden 1991, S. 586-608

Thieme, H.J. (1991); Reformen des monetären Sektors in sozialistischen Ländern: Ursachen, Transformationsbedingungen und institutionelle Voraussetzungen, in: Kredit und Kapital, Heft 1 1991

Uhlir, H./Steiner, P. (1986): Wertpapieranalyse, Heidelberg, Wien 1986

Walter, B. (1990): Wachstumsperspektiven mit Risiken?, in: Börsen-Zeitung, 29.9.1990, S. 13

Weiss, U. (1989): Strategien für 1992 aus der Sicht einer deutschen Großbank, in: Franke, G./von Schimmelmann, W. (Hrsg.): Banken im Vorfeld des Europäischen Binnenmarktes, Wiesbaden 1989

Wieselhuber, N./Töpfer, A. (Hrsg.) (1986): Handbuch Strategisches Marketing, 2. Auflage, Landsberg am Lech 1986

Williams, J.R. (1989): Strategy and the search for rents, Carnegie Mellon University, Oktober 1989

Witt, F.-J. (1986): Bankloyalität - eine empirische Untersuchung, in: bank und markt, Heft 1 (Januar) 1986, S. 20-23

Wrede, T. (1987): Venture Capital, Köln 1987

Zeithaml, V.A. (1981): How Consumer Evaluation Processes differ between goods and services, in: Donelly, J.H./George, W.R. (Hrsg.): Marketing of services, American Marketing Association, Chicago 1981, S. 186-190